Gilles Guyon

Mesurez
votre conscience

Vous connaissez votre Q.I. (quotient intellectuel) ?
Une grande première :
découvrez aujourd'hui votre Q.C.

(quotient de conscience)

Des mêmes auteurs :

« Révélations » éd. Gilles GUYON

« Mesurez votre conscience » éd. Gilles GUYON

« Le dictionnaire de la vie où tout a un sens » éd. Quintessence

« Le guide pour devenir un petit Dieu » éd. Gilles GUYON

« Le coaching pour tous » éd. Quintessence

Site : www.coachingintuition.com

Mail : lunion@wanadoo.fr

Site : www.gconscience.com

Mail : contact@gconscience.fr

© 2021 Gilles Guyon

Édition : BoD – Books on Demand
12/14 rond-point des Champs-Élysées, 75008 Paris.

Impression : BoD -Books on Demand, Norderstedt, Allemagne
ISBN : 978-2-322-266-667-8
Dépôt légal : Juillet 2021

PréaMbule

Testez votre niveau de conscience

Je vous propose de découvrir ce livre, soit en le lisant page après page, soit en choisissant un thème qui vous concerne ou qui vous intéresse. En bas de chaque page, inscrivez votre coefficient de conscience en entourant « OUI = 1 point » si vous le saviez, ou « NON = 0 point », si vous ne le saviez pas. Puis calculez au fur et à mesure le total de votre score. Évaluez ainsi votre niveau de conscience actuel.

Si vous ne voulez pas être influencé(e) dans votre résultat, ne lisez l'introduction qu'après avoir effectué le test.

INTRODUCTION

Pourquoi ce livre aujourd'hui ?

Vous êtes les créateurs de votre bonheur ou de votre malheur. Croyez-vous ne pas avoir un tel pouvoir ? **Sachez que vous ne cessez de créer avec vos pensées et vos émotions sans vous en rendre compte la plupart du temps. Tout ce qui se passe dans votre réalité est une réponse à vos demandes, désirs, souhaits intérieurs, c'est également un véritable miroir de qui vous êtes.**

Cette allégation vous paraît incroyable, et vous vous dites : « Non, ce n'est pas possible que **rien ne soit le fruit du hasard !** »

En lisant ce livre, en faisant ce test sur l'évaluation de votre degré de conscience actuelle, votre vie va changer. Vous ne pourrez plus la voir de la même manière, parce que votre regard et votre compréhension des faits auront été modifiés.

La lecture de ce livre va vous amener prendre conscience que, **dans ce monde, tout a un sens.**

Vous constaterez, à votre grande surprise, que vous n'avez accès qu'à une petite partie de conscience de vous-même et de votre environnement, bien qu'intuitivement il vous arrive d'avoir des éclairs de lucidité. Cette existence « ordinaire » est appelée aussi « vie de sommeil ».

Si vous êtes dans ce cas, vous devez sans doute avoir l'impression de subir votre vie. Certes, ceci est très désagréable à entendre. Eh oui ! Vous n'êtes peut-être pas conscient de votre propre responsabilité, dans ce qui vous arrive, du matin jusqu'au soir !

En réalisant ce test composé de cent questions, vous calculez votre coefficient de conscience. Chaque page ouvre votre esprit à une compréhension plus créatrice des choses et vous devenez de plus en plus conscient.

Vivre en conscience, c'est être à l'écoute de tous les signes, les messages, les synchronicités qui se produisent en abondance dans sa vie. Ce livre vous offre un éventail très large de décodages du langage des signes.

Plus vous développez votre conscience, plus elle vous permettra d'entrer dans un autre monde et de voir toute l'étendue de la créativité qui œuvre dans notre Univers.

Le hasard n'existe pas !

Tout a une raison d'être et rien n'est le fruit du hasard. Tout ce qui vous arrive sur le plan personnel, matériel, familial, professionnel, amical, social… a une signification et peut se décoder d'une façon précise. Votre environnement, habitation, voiture, vêtement, animal, mobilier, passion, voyage, maladie… tout ce qui fait partie de votre vie, tout ce qui vous entoure et ce qui vous arrive, correspond à un synchronisme.

Je vous suggère de laisser tomber vos œillères, de sortir de vos habitudes, de votre mode de pensée et de votre zone de confort, bien que ce ne soit pas facile. Ce nouvel état d'esprit peut vous sembler, dans un premier temps, irréel. Toutefois, nier cette réalité peut aussi être une façon de vous protéger pour ne pas sentir l'impact de votre propre responsabilité au sujet de ce qui vous arrive.

Il est naturel que vous vous demandiez si de tels faits ne sont pas de simples coïncidences. Vous pouvez reléguer ces informations au rang de circonstances aléatoires ou à l'inverse les reconnaître comme réelle potentialité capable de métamorphoser le cours de votre vie. Pour ma part, je ne crois pas aux coïncidences dépourvues de sens, je certifie que chacune d'elles sont autant d'indices qui appellent notre attention.

En accordant de l'intérêt à la « lecture consciente » de la vie, vous pouvez comprendre, apprendre et entendre distinctement les messages qui vous sont destinés.

Le contenu de ce livre est le fruit de recherches et d'observations personnelles effectuées depuis de nombreuses années. Les consultations individuelles, les cours, les formations, les ateliers, les conférences que mon épouse Vanessa Mielczareck et moi-même avons effectués nous ont permis d'étudier comment ces lois de la vie se manifestent. En accompagnant des centaines de personnes vers plus de conscience d'elles-mêmes, nous les avons vu apprendre à se connaître et à se respecter et ont littéralement changé leur vie. **Cette conception de l'existence remonte à la nuit des temps. Il arrive juste un jour, un moment où chacun peut découvrir cette conception de l'existence.**

Aujourd'hui, vous savez, au fond de vous, qu'il est temps de jeter un autre regard sur la vie. C'est une occasion d'en finir avec votre pessimisme, vos plaintes, vos problèmes, la critique de la société…

C'est la méconnaissance des lois universelles qui font vos difficultés actuelles, alors je vous invite à choisir de vous dépasser, de faire un pas vers une nouvelle vie. Vous pouvez saisir l'opportunité de ce test et l'utiliser comme un outil de transformation et d'ouverture de votre conscience.

« Muscler » votre conscience est une expérience unique qui va vous permettre de lâcher votre passé, vos schémas négatifs pour vous rendre plus responsable. Vous allez pouvoir réellement vous interroger sur les vraies raisons de ce qui vous arrive dans l'existence. Les réponses vous permettront de vous sentir enfin plus libre, mieux dans votre peau… un peu plus « maître de votre vie ».

Tout évolue. Au Moyen Âge, nous mettions des sangsues sur le corps des malades pour leur éloigner le mal. De nos jours, pour nous soigner, nous disposons, certes de la médecine officielle, mais aussi de l'acupuncture, de l'homéopathie, du massage, de la visualisation, de la sophrologie, de la naturopathie, de la pensée positive, etc. Actuellement il existe une véritable ruée vers le mieux-être. En effet, chaque année, en France plus de 300 salons professionnels répertoriés dans des guides proposent des techniques et des produits susceptibles d'améliorer notre bien-être. Il y a quelques années, ces manifestations étaient organisées par quelques personnes sensibles à ce sujet ; depuis peu, ce sont aussi des initiatives prises par des mairies (sur la demande de leurs concitoyens) qui proposent le salon du bio, de l'harmonie, de l'habitat écologique…

Nous sommes à l'aube d'un changement des mentalités et des comportements, nous savons tous qu'il est nécessaire. Être capable de reconnaître l'imminence d'une transformation, c'est déjà l'occasion de se préparer à l'envisager. C'est pourquoi il est important de rester ouvert aux nouvelles idées qui pourraient apporter des réponses novatrices à bon nombre de nos problèmes actuels.

Certes, ce livre est une fenêtre ouverte sur une dimension de ce monde, encore très peu connue du grand public. Ce n'est seulement qu'au travers d'ouvrages divertissants, de contes, de mythes, que certains initiés osent en parler. Souvenons-nous de *Merlin l'enchanteur*, ou encore de nos jours, de l'histoire d'*Harry Potter* ou même des films traitant de l'extraordinaire, comme la *Guerre des Étoiles* ou *le Seigneur des anneaux*…

**Tout ce que vous faites
est le reflet exact de qui vous êtes intérieurement.**

Ce qui vous arrive est l'expression de votre psyché, de votre vie émotionnelle, de vos convictions et de vos attentes. Pourquoi ? Parce que vos pensées conscientes et inconscientes émettent en permanence des vibrations, et selon la loi d'attraction, elles vous reviennent sous différentes formes. Je parle aussi d'inconscient, car bien sûr personne ne souhaite volontairement être malade ou avoir un accident… Comme je l'ai évoqué plus haut, il existe un lien étroit entre vos pensées, vos émotions dont il faudra être conscient pour changer ce qui vous arrive et les évènements qui affectent votre existence.

Chaque être humain crée lui-même sa propre vie et qualifie des évènements comme bons ou mauvais selon les circonstances.

En vous rendant compte de cela, vous pouvez davantage prendre votre vie en main. Dès que vous comprenez les causes profondes de ce qui vous arrive, vous pouvez changer ce qui ne vous convient pas et agir au mieux pour les résoudre.

Exemple : si, à un moment donné, vous vivez une situation déplaisante qui entraîne un stress psychologique important (difficile à supporter), celui-ci va se transposer en un stress physiologique. Dérégler votre horloge biologique interne déclenche un signal, par exemple une maladie. Si vous acceptez qu'il puisse y avoir un lien de cause à effet, vous allez commencer alors à remarquer ce que la maladie indique (ce que le *mal a dit*).

Des signaux nous alertent sur ce qui ne nous correspond pas et, en les prenant en compte au fur et à mesure, on peut réajuster les choses au mieux. Ne serait-ce déjà qu'en se posant les vraies questions dès qu'il se passe une situation problématique :

– « Pourquoi suis-je enrhumé à ce moment ? » ;

– « Pourquoi le moteur de ma voiture est-il tombé en panne ? » ;

– « Pour quelle raison me suis-je attiré cela ? »…

Chacun a une capacité d'introspection et, grâce à elle, le pouvoir de se guérir, de retourner les choses à son avantage. Dès que vous aurez davantage conscience d'être responsable de ce qui vous arrive, allez-y doucement, ne culpabilisez pas, ne vous jugez pas. Quoi qu'il en soit, aimez-vous ! Là où l'on dépose de l'amour, les choses sont plus faciles.

La conscience en éveil, vous allez ainsi, petit à petit, découvrir la signification des évènements que vous rencontrerez. Ils sont peut-être des signaux sur votre chemin pour voir votre disharmonie, et trouver l'équilibre.

Tout ce qui existe est régi par la loi de l'équilibre : notre Univers, la Terre en parfait équilibre sur son axe dans la galaxie, la nature, les animaux et bien sûr les humains y sont soumis.

Si ce que nous émettons va à l'encontre de l'équilibre, de la création, cela nous revient souvent d'une manière désagréable, toutefois il s'agit d'une alchimie juste pour notre propre évolution. Si vous n'arrosez pas une plante, elle meurt. Si vous poussez quelqu'un, il tombe. Si vous critiquez une personne injustement, vous serez critiqué à votre tour.

La lecture de ce livre vous permet d'apprendre à décoder ce qui vous amène à vivre tel ou tel évènement, à trouver le sens caché de chaque situation. Selon ma conviction, aucun fait ne se manifeste par hasard. Je n'ai pas encore trouvé d'explication à tout, loin de là, mais j'ai pu vérifier maintes et maintes fois la justesse de ce fonctionnement. J'enseigne ce concept universel dans mes formations et je constate que les personnes changent réellement et évoluent plus rapidement.

Ce livre est un outil exceptionnel de compréhension, d'investigation et de transformation des mentalités. Il s'inscrit dans la lignée des recherches métaphysiques, de la psychologie moderne, tout comme dans celle de la science quantique.

Changer votre vie, maintenant !

En prenant en compte les signaux, les coïncidences, en les écoutant et en corrigeant votre attitude, votre vie sera plus facile, et plus joyeuse. Si à l'inverse, vous refusez d'écouter et de comprendre les messages, vous allez continuer à « émettre » des problèmes, qui risquent de s'amplifier ou de revenir sous une autre forme, plus tard. Lorsqu'ils s'aggravent, c'est pour vous aider à vous rendre compte que vous faites fausse route, que vous n'êtes pas sur la voie qui correspond à vos aspirations. Vous prenez le risque d'aller sur un chemin qui vous mènera vers la souffrance, la non-existence de « vous m'aime ». Cela pourrait aller, à l'extrême, jusqu'à une maladie dégénérative ou un accident.

Lorsque vous aurez fini votre test d'évaluation de votre niveau de conscience, vous saurez que la vie n'est pas le fruit du hasard et vous pourrez plus facilement changer. Dès ce moment, vos habitudes, comportements ou pensées pourront désactiver la source du conflit qui est à l'origine de votre mal-être. Vous pourrez plus aisément retrouver la santé, le bien-être, la joie de vivre, et avoir une vie qui vous correspond réellement.

En acquérant une meilleure communication avec vous-même, vous allez pouvoir mieux communiquer avec les autres. Vous pourrez proposer ce nouveau point de vue à votre famille, à vos amis, au travail, etc.

Imaginez une entreprise prenant en compte ce livre : elle pourrait diminuer son absentéisme, le nombre d'accidents et augmenter l'efficience individuelle, etc. Avoir accès à la conscience, c'est pouvoir se servir de la créativité de chacun avec beaucoup moins d'efforts.

Lorsque cette conscience des choses devient comme un second langage, cela offre des opportunités dans la vie. Vous remarquerez le tissu des coïncidences qui vous entourent, et vous réaliserez même que les plus petits événements sont porteurs de sens. Nous sommes tous des miroirs pour autrui et les relations sont des instruments de rencontre avec vous-même.

La création, tout comme la vie, est un montage et une organisation merveilleuse, **un miroir grandiose** où une coïncidence constitue un signe de l'intention de l'esprit qui est, en tant que tel, un message. Les « miracles » seront maintenant peut-être moins pour vous le fruit du hasard. Ils peuvent même devenir de l'ordre du quotidien, grâce à votre propre connaissance de la conscience.

Les plus grands pionniers de la physique quantique disent que cette dernière ne pourrait jamais être comprise à moins d'intégrer **la conscience** comme composante essentielle de la réalité fondamentale.

La conscience est orchestrée par une grande et vaste intelligence qui demeure au cœur de la nature et se manifeste en chacun de nous à travers ce que nous appelons l'Âme. Lorsque nous apprenons à vivre au niveau de l'âme, bien des choses se produisent. Nous prenons alors conscience des schémas subtils et des rythmes synchroniques qui gouvernent toute vie.

Si vous vivez votre vie en prenant conscience de tout ce qui est, vous vous relierez avec le champ énergétique sous-jacent de l'infini des possibles où la magie opère, où « l'âme agit ».

Je deviens ce que je pense !

1 | LA MALADIE

- **SITUATION** : Vous êtes malade.

- **CONSCIENCE** : La maladie est toujours le résultat d'un déséquilibre intérieur (une partie de soi non écoutée, non respectée) et, selon le type de disharmonie présente, vous allez avoir telle ou telle « MAL A DIT ». Vous êtes enroué : qu'est ce que vous n'arrivez pas à dire ? Vous avez les oreilles bouchées : qu'est-ce que vous ne pouvez plus entendre ? Vous voyez moins bien : qu'est-ce que vous ne voulez plus voir ? Vous vous cassez la jambe : dans quelle direction ne voulez-vous plus aller, à quoi n'avez-vous pas dit stop ?… Apprenez à écouter le langage de votre corps pour pouvoir vraiment changer les choses.

- **ACTION** : Des ouvrages spécialisés peuvent vous donner les décodages possibles pour la plupart des « mal a dit » (voir les livres de la bibliographie).

- **QUALITÉ À DÉVELOPPER** : L'écoute des symptômes de votre corps.

Coefficient de conscience

Le saviez-vous ?

OUI = **1** point • **NON** = **0** point

(entourez 0 ou 1 point et ajoutez 0 ou 1 à votre total)

Total =

2 | LE VÊTEMENT

▪ SITUATION : Vous portez toujours des vêtements plutôt foncés, qui recouvrent et cachent tout votre corps. Exemple : un col roulé, un pantalon ample, des manches longues, de longues tuniques. Ou à l'inverse vous portez des vêtements près du corps, des matières fluides, des couleurs, vous montrez vos jambes, vos bras en osant le décolleté.

▪ CONSCIENCE : Dans le premier cas, vous vous dissimulez derrière votre tenue vestimentaire. C'est une manière inconsciente de vous protéger du regard des autres ou de leurs possibles critiques… Certaines personnes peuvent aussi cacher leur mal-être ou une honte d'elles-mêmes, afin de ne pas être perçues et dévoilées par leur entourage. Dans le second cas, vous êtes plutôt à l'aise avec vous-même, bien dans votre peau et votre corps, et vous portez des habits qui vous révèlent et vous mettent même en valeur. Vous faites du vêtement un atout pour montrer qui vous êtes.

▪ ACTION : Essayez un autre style de vêtement en ressentant ce que cela vous fait. Vous comprendrez davantage l'influence du choix des vêtements que vous portez et cela pourra aussi vous permettre de changer de style.

▪ QUALITÉ À DÉVELOPPER : L'adaptation à la nouveauté.

Coefficient de conscience

Le saviez-vous ?

OUI = 1 point • **NON = 0** point

(entourez 0 ou 1 point et ajoutez 0 ou 1 à votre total)

Total =

3 | CE QUE L'ON N'AIME PAS

• **SITUATION** : Il y a des personnes que vous n'aimez pas, des situations que vous avez du mal à supporter. Malgré vos efforts, vous n'arrivez pas à changer cela.

• **CONSCIENCE** : Nous n'aimons pas les personnes ou les situations qui nous montrent consciemment ou inconsciemment que ces mêmes choses existent en nous. En réalité, le reflet sur autrui de nos propres problèmes révèle notre propre image. Ce sont nos attitudes négatives, nos déséquilibres et tout ce que nous n'aimons pas chez nous, qui nous sont renvoyés. Tout cela représente seulement l'écho de notre côté « négatif » ou « ombrageux », de ce que l'on ne connaît pas, de ce que l'on n'accepte pas chez soi.

• **ACTION** : Listez tout ce que vous n'aimez pas chez au moins trois personnes de votre entourage. Faites la même chose avec trois situations qui vous sont désagréables et voyez ce à quoi elles font écho en vous.

• **QUALITÉ À DÉVELOPPER** : L'acceptation des aspects « négatifs » de vous-même.

Coefficient de conscience

Le saviez-vous ?

OUI = **1** point • **NON** = **0** point

(entourez 0 ou 1 point et ajoutez 0 ou 1 à votre total)

Total =

4 | L'HABITATION

▪ **SITUATION** : Vous habitez « rue des Martyrs », dans une impasse, près d'une prison, d'une déchetterie ou d'un rond-point... Votre maison est délabrée ou sa construction n'est pas achevée. Ou bien vous résidez « avenue de la Liberté » sur un terrain ouvert, non clôturé, la vue est dégagée... Votre maison a de grandes baies vitrées, votre appartement est élevé dans les étages, ou encore vous vivez à la campagne près de la nature, des arbres, au calme...

▪ **CONSCIENCE** : Votre habitation correspond à ce que vous êtes et donc elle vous représente symboliquement dans le moment présent. Par exemple : si vous habitez dans une impasse, sans doute qu'une partie de vous est bloquée. Si votre habitation se situe en ville, la sécurité et la proximité sont importantes pour vous ; si elle est à la campagne, peut-être aimez-vous vivre plus au calme... Votre appartement au 6ᵉ étage peut permettre de voir venir les choses de plus loin ! Un petit studio peut traduire habituellement le besoin de vous recentrer sur vous-même.

▪ **ACTION** : Déterminez ce que le choix de votre résidence, et la manière dont elle est conçue signifient pour vous.

▪ **QUALITÉ À DÉVELOPPER** : La souplesse d'esprit.

Coefficient de conscience

Le saviez-vous ?

OUI = **1** point • **NON** = **0** point

(entourez 0 ou 1 point et ajoutez 0 ou 1 à votre total)

Total =

5 | LE PARDON

▪ **SITUATION** : Quand il vous reste quelque chose sur le cœur, savez-vous pardonner ou n'y pensez-vous même pas ?

▪ **CONSCIENCE** : En dehors de toutes conceptions religieuses, nous avons tous le pouvoir de neutraliser nos erreurs en nous pardonnant et/ou en demandant pardon à l'autre. Dès que nous n'arrivons pas à pardonner quelque chose à autrui, cela signifie que nous n'avons pas pardonné à une partie de nous-même. Pardonner libère de la loi de cause à effet et de ses conséquences. Si nous ne pardonnons pas, nous gardons une énergie mutuelle négative qui nous attache à l'autre. Cela influe de plus en plus sur notre bien-être et notre tranquillité d'esprit.

▪ **ACTION** : Regardez en vous et dans votre vie s'il y a des situations non réglées. Peut-être y a-t-il à poser un acte de pardon pour résoudre les choses.

▪ **QUALITÉ À DÉVELOPPER** : La libération.

Coefficient de conscience
Le saviez-vous ?
OUI = **1** point • **NON** = **0** point
(entourez 0 ou 1 point et ajoutez 0 ou 1 à votre total)
Total =

6 | LE VOYAGE

- SITUATION : Lorsque vous partez en voyage, où allez-vous ?

- CONSCIENCE : Vous choisissez de rester chez vous, ou vous préférez vous éloigner de cent kilomètres ou plus. Vous passez vos vacances dans votre pays ou vous allez à l'étranger. Est-ce un pays francophone ou non ? Êtes-vous plutôt attiré par l'Orient, le Moyen-Orient, l'Afrique, qui ont des cultures et des traditions totalement différentes de chez vous ? Aimez-vous les voyages organisés, en club ou organisez-vous vos vacances vous-même ? Passer ses vacances chez soi, en dehors de tout aspect financier, peut signifier qu'on y trouve un réel bien-être. Toutefois, cela peut aussi montrer le refus de changer ses habitudes. Partir implique immanquablement des changements de repères, et demande une ouverture d'esprit qui stimule notre capacité à nous adapter. Plus le contexte est différent et plus nous sommes amenés à nous remettre en question. On peut même découvrir des aspects de soi qui ne s'étaient pas encore révélés. À l'étranger, nous rencontrons notre « étranger intérieur ».

- ACTION : Voyez comment vous avez passé vos précédentes vacances et ce que cela peut signifier pour vous-même. Et soyez conscient du choix de votre prochaine destination.

- QUALITÉS À DÉVELOPPER : L'ouverture, le changement.

Coefficient de conscience

Le saviez-vous ?

OUI = **1** point • **NON** = **0** point

(entourez 0 ou 1 point et ajoutez 0 ou 1 à votre total)

Total =

7 | LE MIROIR

- **SITUATION** : Comment vous comportez-vous avec les autres et avec vous-même ?

- **CONSCIENCE** : Vous êtes dur avec les autres parce que vous êtes dur avec vous-même. Vous reprochez aux autres de prendre trop de vacances, parce que vous n'arrivez pas à vous reposer. Vous rencontrez des gens fermés, cela signifie qu'une partie de vous l'est aussi. À l'inverse, vous êtes doux avec les autres, car vous l'êtes avec vous-même. Vous êtes en relation, en accord avec les gens parce que vous l'êtes d'abord avec vous-même. Les personnes que vous rencontrez sont sympathiques et vous établissez avec elles de bons échanges car ce même lien existe à l'intérieur de vous. Toutes celles que vous êtes amené à côtoyer sont des facettes de vous-même, tel un miroir.

- **ACTION** : Observez les personnes qui vous entourent, la nature des liens que vous tissez avec elles, cela vous renseignera sur des facettes de votre personnalité, connues ou encore insoupçonnées. Votre miroir est à portée de main.

- **QUALITÉ À DÉVELOPPER** : La conscience de votre reflet.

Coefficient de conscience
Le saviez-vous ?
OUI = 1 point • **NON = 0** point
(entourez 0 ou 1 point et ajoutez 0 ou 1 à votre total)
Total =

8 | LES COULEURS

- **SITUATION** : Quelles sont les couleurs des vêtements que vous avez l'habitude de porter, celle de votre voiture, de votre maison, ainsi que les couleurs utilisées pour la décoration de votre intérieur?

- **CONSCIENCE** : Chaque couleur recèle une énergie qui a sa propre signification. Le bleu correspond à la communication, à la créativité. Le rose, à la douceur, au cœur, à la guérison. Le blanc représente la clarté, la pureté, l'ouverture… Nous choisissons les couleurs selon nos besoins du moment. Par exemple : si nous manquons de force, nous aurons tendance à porter des vêtements dans les tons rouges. Lorsque nous mettons du noir, nous cherchons davantage à nous protéger, nous cacher, nous ne voulons pas trop montrer nos émotions. Les couleurs que nous choisissons traduisent nos états d'esprit, nos besoins, notre état d'être intérieur. Des ouvrages existent sur la signification des couleurs et donnent pour chacune d'elles des informations bien précises (voir en bibliographie).

- **ACTION** : Amusez-vous à être conscient des couleurs que vous choisissez. En notant celles que vous affectionnez le plus, laissez-vous ressentir ce qu'elles vous apportent.

- **QUALITÉS À DÉVELOPPER** : L'ouverture, la curiosité.

Coefficient de conscience
Le saviez-vous ?
OUI = **1** point • **NON** = **0** point
(entourez 0 ou 1 point et ajoutez 0 ou 1 à votre total)
Total =

9 | LE MÉTIER

- **SITUATION** : Quel métier ou activité avez-vous exercé jusqu'à maintenant, quelle est votre profession actuelle et éventuellement vers laquelle souhaiteriez-vous aller?

- **CONSCIENCE** : Rien n'est le fruit du hasard, pas même le choix de son métier. Chacun est amené à exercer une profession ou à pratiquer une activité qui a une raison d'être pour nous, même si nous n'en avons pas toujours conscience. Un thérapeute est souvent quelqu'un ayant vécu des problèmes importants dans son enfance, un masseur, une personne n'ayant pas reçu assez de câlins ou d'affection… voilà le véritable choix d'une profession. Nous pouvons être attirés par un métier dans le domaine de la santé et, dans ce cas, soigner nous aidera probablement à combler le manque de soins dont on a souffert étant enfant. Un métier commercial ou de relation avec le public permet souvent à la personne d'extérioriser sa communication. Généralement, dans le passé, elle n'a pas pu vivre de réels échanges au sein de sa famille. Ce métier est le dépassement d'une certaine forme de timidité. Les personnes reproduisant la profession de leurs parents le font généralement par « fidélité » à leur famille.

- **ACTION** : Prenez conscience de ce qui vous a poussé à choisir votre métier actuel. Listez toutes les qualités que vous avez développées dans chaque activité exercée. Voyez quelle orientation possible vous pourriez prendre, muni de ces ressources.

- **QUALITÉ À DÉVELOPPER** : La lucidité sur les choix développés.

Coefficient de conscience
Le saviez-vous?
OUI = **1** point • **NON** = **0** point
(entourez 0 ou 1 point et ajoutez 0 ou 1 à votre total)
Total =

10 | LA BATTERIE
FAIBLE OU MORTE

■ SITUATION : Il vous est déjà arrivé de devoir recharger ou changer la batterie de votre véhicule.

■ CONSCIENCE : Vous avez utilisé tout votre potentiel d'énergie sans avoir pris soin de vous recharger au fur et à mesure. Aussi, vous êtes « à plat » et votre batterie montre cet état de fait tel un miroir parfait. Il est probable que vous en ayez trop fait, que les contraintes et les devoirs vous aient épuisé. Peut-être avez-vous dû assumer des choses qui ne vous convenaient pas et ce, sur une période trop longue pour vous.

■ ACTION : Pensez à cultiver l'équilibre dans votre organisation quotidienne et engagez-vous à prendre des temps de repos, de loisirs, de ressourcement. Donnez une réelle place à ce que vous aimez ou avez envie de faire.

■ QUALITÉ À DÉVELOPPER : Le ressourcement.

Coefficient de conscience
Le saviez-vous ?
OUI = 1 point • **NON = 0** point
(entourez 0 ou 1 point et ajoutez 0 ou 1 à votre total)
Total =

11 | LE PRÉJUDICE

▪ SITUATION : Certaines de vos actions ou de vos attitudes peuvent porter préjudice à autrui sans que vous vous en souciiez vraiment. Vous vous dites que cela n'est pas forcément important !

▪ CONSCIENCE : Toute action a des conséquences bénéfiques ou à l'inverse désagréables. Exemple : vous vous garez devant une sortie de garage en pensant : « ce n'est pas grave, je n'en ai pas pour longtemps ». Entre-temps, la personne doit sortir son véhicule pour se rendre sur son lieu de travail et sera en retard à cause de vous. Sans le vouloir, vous portez préjudice à cette personne. Peut-être avez-vous du mal à vous respecter : vous vous portez préjudice et donc, vous faites de même avec les autres.

▪ ACTION : Chaque jour, prenez conscience des actions que vous mettez en œuvre qui peuvent avoir des conséquences sur la vie d'autrui. Respectez-vous chaque jour un peu plus, afin d'offrir ce même service à autrui.

▪ QUALITÉS À DÉVELOPPER : La responsabilité, le respect.

Coefficient de conscience
Le saviez-vous ?
OUI = 1 point • **NON = 0** point
(entourez 0 ou 1 point et ajoutez 0 ou 1 à votre total)
Total =

12 | LA PEUR

- **SITUATION** : Certaines situations ou leurs perspectives vous font peur, voire vous effraient.

- **CONSCIENCE** : Lorsque vous craignez quelqu'un ou quelque chose et que vous éprouviez de la peur, rappelez-vous que cette peur est fertilisée et alimentée par votre propre mental. Généralement, la plupart de vos peurs ne sont pas adaptées aux situations présentes. Toutefois, ce sont des mémoires ancrées de votre passé qui se chevauchent sur ce que vous vivez aujourd'hui. Le passé se superpose alors au présent.

- **ACTION** : Vivez ici et maintenant, dans le moment présent, dans la réalité de l'instant, et alors, dans la plupart des cas, vous constaterez que votre peur n'est pas justifiée et n'a souvent aucune raison d'être.

- **QUALITÉ À DÉVELOPPER** : L'aptitude à vivre (dans) le moment présent.

Coefficient de conscience
Le saviez-vous ?
OUI = 1 point • **NON = 0** point
(entourez 0 ou 1 point et ajoutez 0 ou 1 à votre total)
Total =

13 | LE PARADOXE DE L'ÉQUILIBRE

- **SITUATION** : Nous pensons que nous sommes « équilibrés », mais en réalité nous sommes tous dans un paradoxe.

- **CONSCIENCE** : Chacun a ses propres moyens pour trouver son équilibre. Votre manière de vous équilibrer peut changer en fonction des périodes de votre vie. Par exemple : à un moment donné, il vous faut tous les jours faire un footing. À une autre époque, vous préférez faire du tai-chi ou du yoga. Votre équilibre est aussi influencé par votre milieu social, votre culture, votre héritage familial. Par exemple : les habitudes américaines sont de prendre un repas complet le matin, alors qu'en Asie, au réveil un thé suffit. L'équilibre se définit comme l'état de repos d'un corps sollicité par plusieurs forces qui s'annulent. Avant d'atteindre le véritable équilibre, nous vivons de multiples excès : « trop » de travail, de nourriture, de ménage ou « pas assez »…

- **ACTION** : Voyez vos excès et prenez conscience de ce qui les génère, afin de tendre vers plus d'harmonie.

- **QUALITÉ À DÉVELOPPER** : L'équilibre.

Coefficient de conscience
Le saviez-vous ?
OUI = 1 point • **NON = 0** point
(entourez 0 ou 1 point et ajoutez 0 ou 1 à votre total)
Total =

14 | LES BAGAGES

▪ SITUATION : Quand vous êtes en déplacement, que vous voyagez, comment sont vos bagages ? Légers et pratiques ? Ou plutôt lourds et encombrants ?

▪ CONSCIENCE : Que contiennent vos bagages, vos valises ? Saviez-vous qu'ils représentent le poids de vos peurs et doutes, de votre manque de confiance et de vos habitudes ? Vous cherchez coûte que coûte à maintenir votre zone de confort et avez probablement du mal à vous adapter aux nouvelles situations.

▪ ACTION : La prochaine fois que vous partez, réduisez au minimum vos bagages, emportez seulement l'essentiel. Vous serez moins asservi et pourrez aussi expérimenter plus de légèreté.

« La vie n'est pas une valise, elle est légère, lâchez prise ».

▪ QUALITÉ À DÉVELOPPER : Le lâcher-prise.

Coefficient de conscience
Le saviez-vous ?
OUI = 1 point • **NON = 0** point
(entourez 0 ou 1 point et ajoutez 0 ou 1 à votre total)
Total =

15 | LA TRICHERIE

▪ **SITUATION** : Pour parvenir à vos fins, il vous arrive de mentir, de tricher et de ne pas être franc avec certaines personnes.

▪ **CONSCIENCE** : Lorsque vous agissez de la sorte, cela signifie qu'au lieu d'assumer vos responsabilités, vous les fuyez en transgressant certaines règles sociales et humaines. Parfois, inconsciemment ou non, nous validons plus facilement le chemin du mensonge, de nos peurs, du non-respect de soi, plutôt que celui de l'honnêteté et de la vérité. Sachez que c'est en premier lieu avec vous-même que vous trichez et que vous êtes faux, puis, bien sûr, vous l'êtes aussi envers l'autre. Se mentir à soi-même, c'est mentir à la vie.

▪ **ACTION** : Voyez là où vous trichez avec vous-même et changez votre comportement afin de vous respecter davantage.

« Le mensonge parle beaucoup, la vérité parle peu ».

▪ **QUALITÉ À DÉVELOPPER** : L'honnêteté avec vous-même.

Coefficient de conscience
Le saviez-vous ?
OUI = 1 point • **NON = 0** point
(entourez 0 ou 1 point et ajoutez 0 ou 1 à votre total)
Total =

16 | L'EXTÉRIEUR

- **SITUATION** : Votre travail ne vous plaît pas, vos relations ne vous satisfont pas, ou à l'inverse votre vie vous apporte toutes les satisfactions désirées.

- **CONSCIENCE** : Tout ce que vous rencontrez dans la vie (travail, situation, mari, ami, etc.) est le miroir parfait de ce que vous êtes intérieurement. Vous pouvez constater que quelque chose existe dans votre vie parce qu'à l'origine cela existait déjà en vous. Vous recevez peu d'affection de la part de votre entourage, car vous avez peu d'affection envers vous-même. Autre cas : si vous estimez percevoir un petit salaire, c'est que le sentiment de restriction réside initialement à l'intérieur de vous.

- **ACTION** : Observez votre vie « extérieure » pour mieux comprendre et décoder ce qui se passe en vous, afin d'agir sur les causes de ce qui vous arrive et non sur les conséquences.

- **QUALITÉS À DÉVELOPPER** : L'observation, la lucidité.

Coefficient de conscience
Le saviez-vous ?
OUI = **1** point • **NON** = **0** point
(entourez 0 ou 1 point et ajoutez 0 ou 1 à votre total)
Total =

17 | LE POUVOIR DE LA PENSÉE

▪ SITUATION : Chaque jour, vous avez des pensées positives ou négatives auxquelles vous ne prêtez pas forcément attention.

▪ CONSCIENCE : Chaque pensée a sa propre vibration qui influe sur notre vie. Lorsque l'on pense d'une manière négative, les faits qui ont tendance à se produire sont de cette même nature. Cela peut encourager le côté pessimiste de notre caractère. De même, en pensant positif, vous rencontrez des situations bénéfiques. Ce que l'on pense, tout comme ce à quoi l'on croit, a toutes les possibilités de se manifester dans notre réalité. De nombreux écrits s'accordent à dire que *le verbe est créateur.*

▪ ACTION : Habituez-vous à écouter la nature de vos pensées et repérez si vous avez tendance à voir le verre à moitié vide ou à moitié plein. À quoi s'attachent vos pensées ?

▪ QUALITÉS À DÉVELOPPER : La clarté d'esprit et la pensée positive.

Coefficient de conscience
Le saviez-vous ?
OUI = **1** point • **NON** = **0** point
(entourez 0 ou 1 point et ajoutez 0 ou 1 à votre total)
Total =

18 | LA RÉACTION

- **SITUATION** : Quand une situation ou une personne ne vous convient pas, vous avez tendance à réagir, et souvent de manière excessive.

- **CONSCIENCE** : On ne réagit qu'aux seules choses qui font écho en nous. Si cela ne nous dérange pas, ne nous touche pas intérieurement, c'est que nous ne sommes pas concernés directement par ce qui se passe. En revanche, si par exemple, vous vous énervez après une personne qui agit trop lentement, c'est qu'il vous manque les ressources de la patience, du calme, de la modération. Si la désorganisation vous horripile, c'est sûrement que vous êtes trop rigide, trop rigoureux et que vous devez montrer plus de souplesse.

- **ACTION** : Profitez de ce qui vous énerve pour voir ce qui n'est pas équilibré en vous et modifiez votre comportement pour devenir moins ou plus du tout réactif.

- **QUALITÉS À DÉVELOPPER** : La tempérance, la modération.

Coefficient de conscience
Le saviez-vous ?
OUI = **1** point • **NON** = **0** point
(entourez 0 ou 1 point et ajoutez 0 ou 1 à votre total)
Total =

19 | LA BLAGUE

- **SITUATION** : Vous vous exprimez parfois ou souvent en blaguant.

- **CONSCIENCE** : Il y a certaines vérités que nous n'osons pas dire et que nous exprimons sous forme de « blagues ». Cela est un moyen déguisé d'exprimer le fond de sa pensée. Par exemple : « Si tu continues, je vais te quitter ! Mais non, j'ai dit cela en blaguant ! ». Généralement, des sentiments, des pensées, des désirs sont ainsi tournés en plaisanterie parce que l'on ne s'autorise pas à les dire ouvertement et franchement. Ce qui est dit spontanément sans que l'on puisse le contrôler peut correspondre à ce que l'on n'arrive pas à écouter, à respecter au fond de soi. Aussi, ayez conscience de votre manière de vous exprimer.

- **ACTION** : Soyez attentif à votre humour, il vous renseignera sur ce que vous cachez au fond de vous.

- **QUALITÉS À DÉVELOPPER** : La franchise, l'audace de dire les choses.

Coefficient de conscience

Le saviez-vous ?

OUI = 1 point • **NON = 0** point

(entourez 0 ou 1 point et ajoutez 0 ou 1 à votre total)

Total =

20 | LE SPORT

▪ **SITUATION** : Vous pratiquez une des nombreuses activités sportives qui existent.

▪ **CONSCIENCE** : Si vous pratiquez régulièrement un sport très dynamique et physique, le combat, la musculation, le triathlon… Vous avez probablement une charge de stress et/ou de l'agressivité à extérioriser. S'adonner à un sport régule votre corps et votre esprit. Quand vous pratiquez des activités telles que la marche, le vélo, le canoë… avec modération, vous êtes davantage dans une dynamique de ressourcement, vous cultivez votre bien-être. Ce que vous pratiquez et la manière dont vous le faites révèlent votre état d'être. C'est un besoin qui cherche à s'exprimer à travers votre corps.

▪ **ACTION** : Soyez conscient du sport que vous pratiquez, afin de comprendre ce qui motive votre choix.

▪ **QUALITÉ À DÉVELOPPER** : La clarification des motivations.

Coefficient de conscience
Le saviez-vous ?
OUI = **1** point • **NON** = **0** point
(entourez 0 ou 1 point et ajoutez 0 ou 1 à votre total)
Total =

21 | LA SOUMISSION

- **SITUATION** : Parfois ou fréquemment, vous avez l'impression de subir des évènements, des personnes, sans pouvoir agir dessus.

- **CONSCIENCE** : Le fait que vous ayez une faible estime de vous, un sentiment d'infériorité ou une négation de votre personnalité, crée et attire dans votre vie différentes situations de soumission. Involontairement, vous déléguez votre pouvoir à autrui ou aux évènements, et ce sont vos attitudes, vos pensées qui forgent votre réalité et provoquent ce qui vous arrive.

- **ACTION** : Pour cesser de vous sentir manipulé, il vous faut prendre conscience de votre valeur et changer d'état d'esprit. Pour commencer, osez dire les choses et positionnez-vous le plus possible.

- **QUALITÉ À DÉVELOPPER** : Le sentiment de votre valeur personnelle.

Coefficient de conscience

Le saviez-vous ?

OUI = **1** point • **NON** = **0** point

(entourez 0 ou 1 point et ajoutez 0 ou 1 à votre total)

Total =

22 | LA CRITIQUE

▪ SITUATION : Vous avez tendance à critiquer ou, à l'inverse à être critiqué.

▪ CONSCIENCE : Lorsque vous critiquez une personne ou quelque chose, vous rejetez une partie de vous-même sur l'extérieur. Vous attribuez à autrui des aspects, des traits de caractère qui sont vôtres, mais qui pour l'instant sont peut-être méconnus de vous. Chaque fois que vous critiquez une personne, une situation, le monde extérieur, vous fuyez une partie de vous-même. Quand on vous fait une remarque et que celle-ci vous touche, cela signifie que l'autre personne a mis en évidence une « vérité » qui vous appartient. À l'inverse, si cette dernière ne vous touche pas, c'est qu'elle n'est pas fondée et qu'elle appartient à l'autre.

▪ ACTION : Soyez attentif aux critiques que vous avez tendance à émettre ou à recevoir, et apprenez à repérer ce qui vous concerne personnellement.

▪ QUALITÉ À DÉVELOPPER : La connaissance de ce que l'on n'accepte pas en soi.

Coefficient de conscience
Le saviez-vous ?
OUI = 1 point • NON = 0 point
(entourez 0 ou 1 point et ajoutez 0 ou 1 à votre total)
Total =

23 | LA POSITION DU CORPS

• SITUATION : Lors d'une discussion, vous avez souvent les bras fermés, les jambes croisées et, quand vous êtes assis, vos pieds sont sous la chaise. À l'inverse, vous avez tendance à avoir les bras ouverts, les jambes parallèles, voire écartées ou allongées devant vous. Vous êtes penché en avant ou au contraire le dos bien calé sur la chaise…

• CONSCIENCE : La posture que vous adoptez reflète votre état intérieur, car elle fait partie du langage non verbal. Involontairement et inconsciemment nous « parlons » tous avec notre corps. Les membres croisés ou fermés signifient, en principe, que vous êtes en protection, en fermeture, en désaccord avec ce qui est dit. Les postures ouvertes indiquent une disponibilité réelle à la communication. Lorsque deux personnes discutent et prennent la même position, elles sont soit dans un véritable échange au niveau verbal, soit chacune sur leurs positions respectives et ne veulent pas changer d'avis.

• ACTION : Observez, selon le contexte, la position que vous avez tendance à adopter. Prenez conscience du fait que votre posture reflète déjà vos pensées et votre ressenti. Habituez-vous à les exprimer afin de vous sentir plus cohérent avec vous-même.

• QUALITÉ À DÉVELOPPER : L'écoute de la position de votre corps.

Coefficient de conscience
Le saviez-vous ?
OUI = **1** point • **NON** = **0** point
(entourez 0 ou 1 point et ajoutez 0 ou 1 à votre total)
Total =

24 | LA VOITURE

- **SITUATION** : Avez-vous une petite voiture, un ancien modèle, ou une grosse berline, un 4×4 ? Marche-t-elle bien ou tombe-t-elle souvent en panne ? La couleur est-elle vive, foncée ? Utilisez-vous les transports en commun ?

- **CONSCIENCE** : Avoir un véhicule est le symbole d'une certaine autonomie et mobilité. Plus vous avez une grosse cylindrée et plus elle traduit une position de puissance, de pouvoir. Veillez-vous à bien l'entretenir ? Si oui, vous savez prendre soin de vos besoins. Si elle tombe souvent en panne, cela montre que vous devez réguler des choses en vous. Posséder un ancien modèle montre votre attachement au passé et révèle que vous avez une tendance nostalgique. Sauf si vous n'avez pas les moyens, ne pas avoir de voiture symbolise un fort besoin de non-attachement. Votre véhicule est en général à l'image de vous-même.

- **ACTION** : Profitez de la façon dont vous vous déplacez pour mieux vous comprendre et voyez quel style de voiture vous avez.

- **QUALITÉ À DÉVELOPPER** : La clairvoyance.

Coefficient de conscience
Le saviez-vous ?
OUI = 1 point • **NON = 0** point
(entourez 0 ou 1 point et ajoutez 0 ou 1 à votre total)
Total =

25 | L'AIDE À AUTRUI

- SITUATION : Vous aidez beaucoup ou souvent les autres et vous êtes peut-être très engagé dans une association, un comité de défense...

- CONSCIENCE : Lorsqu'on aide autrui, il faut savoir qu'en fait, on s'aide soi-même. Involontairement, en donnant, nous nous nourrissons. Il est probable que nous recevons de la reconnaissance, de l'amour, que nous nous sentons utiles, que nous donnons du sens à notre vie. Nous ne sommes pas encore des « êtres réalisés et éveillés », dans la compassion, comme le Dalaï-lama. Aussi, les services que nous rendons et les offrandes que nous faisons, sont rarement « gratuits », nous devons être conscients de nos attentes implicites.

- ACTION : Listez tout ce que vous faites pour les autres et demandez-vous ce que vous recevez en retour.

- QUALITÉ À DÉVELOPPER : La connaissance de ce qui vous motive réellement.

Coefficient de conscience
Le saviez-vous ?
OUI = 1 point • **NON = 0** point
(entourez 0 ou 1 point et ajoutez 0 ou 1 à votre total)
Total =

26 | LE DESSIN

- **SITUATION** : Faites un dessin avec des traits, des courbes ou les deux, puis lisez ce qui suit.

- **CONSCIENCE** : Les formes que vous avez dessinées représentent les « traits » de votre caractère. En voici une interprétation succincte. Si vous avez fait une majorité de traits droits, d'angles, de carrés, vous êtes une personne droite, rigoureuse, structurée, bien en contact avec la réalité et plutôt cartésienne. D'énergie masculine, vous avez une bonne gestion du temps, de l'organisation, etc. Si vous avez dessiné une majorité de courbes, de cercles, vous avez de la douceur, une ouverture d'esprit, de la créativité, de l'imagination, de la poésie. D'une énergie féminine dominante, vous avez le sens de l'accueil, de l'intuition, de la sensibilité, etc. Certains peuvent avoir dessiné autant de traits droits que de courbes, toutes les qualités précédemment décrites vous correspondent et dénotent un équilibre bien ancré en vous.

- **ACTION** : Déterminez où vous vous situez dans ces formes et comment elles se manifestent dans votre vie. Voyez ce qui vous manque et choisissez de développer consciemment ce dont vous avez envie.

- **QUALITÉ À DÉVELOPPER** : La connaissance de soi.

Coefficient de conscience
Le saviez-vous ?
OUI = 1 point • **NON = 0** point
(entourez 0 ou 1 point et ajoutez 0 ou 1 à votre total)
Total =

27 | L'ANIMAL DE COMPAGNIE

• SITUATION : Vous avez un animal de compagnie ou, si vous n'en avez pas, imaginez en avoir un. Notez en détail sur une feuille sa description physique, ses comportements habituels, ce que vous aimez et n'aimez pas chez lui.

• CONSCIENCE : Tous les animaux que nous aimons et qui partagent notre vie nous représentent. Ils sont nos miroirs, ils nous ressemblent. Par exemple : s'il est petit, peureux et affectueux ou joueur et gourmand, ou encore vif, rapide et indépendant, cela renvoie sûrement à certains traits de personnalité qui vous caractérisent.

• ACTION : À partir de la description que vous avez notée, relisez l'ensemble en mettant « je » devant chaque qualificatif. Vous découvrirez ou confirmerez des facettes de votre personnalité.

• QUALITÉ À DÉVELOPPER : L'observation.

Coefficient de conscience

Le saviez-vous ?

OUI = **1** point • **NON** = **0** point

(entourez 0 ou 1 point et ajoutez 0 ou 1 à votre total)

Total =

28 | LE COUPLE INTÉRIEUR

• SITUATION : Vous êtes en couple ou célibataire.

• CONSCIENCE : Nous avons tous une partie féminine représentée par la douceur, l'amour, l'intuition, la créativité, l'ouverture, l'inspiration, l'observation, qui peut se caractériser, dans une dynamique négative, par la soumission, le renoncement, l'hypersensibilité... Nous avons aussi une partie masculine manifestée par l'analyse, la concentration, l'action, le faire, la puissance, la volonté, qui peut aussi se caractériser par de l'autoritarisme, la rigidité, le pouvoir, la domination... Certains peuvent avoir leur « masculin » plus développé ou au contraire leur polarité « féminine », alors que d'autres ont un relatif équilibre entre les deux. Le déséquilibre ou l'équilibre de votre couple intérieur (le masculin et le féminin) influe sur le couple que vous formez dans la réalité ou que vous souhaitez créer. Le couple extérieur est le reflet et le fruit de notre couple intérieur.

• ACTION : Modifiez votre intérieur en développant certaines qualités et en lâchant certains traits de caractère négatifs. Changez ce qui ne vous va pas ! Vous harmoniserez votre couple extérieur ou vous créerez le couple qui vous convient réellement.

• QUALITÉ À DÉVELOPPER : La transformation.

Coefficient de conscience
Le saviez-vous ?
OUI = 1 point • **NON = 0** point
(entourez 0 ou 1 point et ajoutez 0 ou 1 à votre total)
Total =

29 | LA NON-AUTHENTICITÉ, LE PARAÎTRE

▪ SITUATION : Faites trois colonnes : sur la première, listez vos valeurs, qualités qui s'expriment et sont présentes en vous au niveau personnel. Puis cachez cette liste pour agir de même sur le plan familial. Enfin, cachez à nouveau cette liste pour le faire sur le plan professionnel.

▪ CONSCIENCE : Relisez les trois colonnes, repérez les qualités qui reviennent dans chacune d'elles et, à l'inverse, celles qui n'apparaissent qu'une ou deux fois. L'absence d'une qualité dans une ou deux colonnes, alors qu'elle figure ailleurs, dénote une non-authenticité sur le ou les plans où elle manque. Exemple : si vous êtes « doux » au niveau familial, c'est que vous avez cette qualité dans votre être, elle devrait donc pouvoir s'exprimer dans tous les autres domaines.

▪ ACTION : Pour permettre à votre être d'exprimer toutes ses capacités dans tous les domaines de votre vie, décidez de porter votre attention sur les valeurs manquantes, puis cultivez-les.

▪ QUALITÉS À DÉVELOPPER : L'authenticité, la cohérence.

Coefficient de conscience
Le saviez-vous ?
OUI = **1** point • **NON** = **0** point
(entourez 0 ou 1 point et ajoutez 0 ou 1 à votre total)
Total =

30 | LA RELIGION

▪ **SITUATION** : Vous êtes athée, pratiquant ou non d'une religion, ou dans une démarche spirituelle.

▪ **CONSCIENCE** : Dans l'ancienne Égypte, paraît-il, les initiés auraient créé des centaines de dieux : un dieu pour l'eau, un pour le soleil, un pour la récolte... Ensuite des peuples ont fondé une dizaine de religions grâce à la présence de prophètes : le christianisme, le bouddhisme... Les croyances et les religions des différentes civilisations participent à l'évolution humaine. Chacun, à son rythme, peut gravir les sept niveaux de l'échelle de Jacob, partant de l'état primitif, passant par l'éveil de la raison, de l'amour, ensuite l'individualité, la recherche du savoir, la créativité, la spiritualité jusqu'à atteindre la sagesse. Petit à petit, nous allons comprendre que nous faisons tous partie de la Création, que tout est divin et donc que chaque être humain est une partie de Dieu.

▪ **ACTION** : Réfléchissez sur votre propre foi et voyez comment elle peut évoluer.

▪ **QUALITÉS À DÉVELOPPER** : La croyance, la spiritualité.

Coefficient de conscience
Le saviez-vous ?
OUI = 1 point • **NON = 0** point
(entourez 0 ou 1 point et ajoutez 0 ou 1 à votre total)
Total =

31 | L'ÉVIER,
LA BAIGNOIRE BOUCHÉS

• SITUATION : La canalisation de votre évier, lavabo ou baignoire est bouchée.

• CONSCIENCE : Considérons que toute la plomberie représente votre plan émotionnel. Il est probable que vous ayez accumulé, puis tenté de refouler une situation problématique depuis trop longtemps. Symboliquement, tout ce que vous n'avez pas exprimé (des pensées, des émotions, des sentiments) est coincé dans votre « tuyauterie », créant un blocage. Rien ne peut plus s'évacuer. Il faut vous occuper aussi de ce « bouchon-là » pour faire circuler à nouveau l'énergie.

• ACTION : Changez de cap, prenez une direction différente, parlez, lâchez ce que vous portez qui ne vous correspond pas ou plus. Laissez couler ce vers quoi vous voulez aller, agissez de la façon la plus appropriée.

• QUALITÉS À DÉVELOPPER : Le lâcher-prise, l'expression des émotions.

Coefficient de conscience
Le saviez-vous ?
OUI = 1 point • **NON = 0** point
(entourez 0 ou 1 point et ajoutez 0 ou 1 à votre total)
Total =

32 | L'INTÉRIEUR DE LA MAISON

▪ SITUATION : Voyez comment est « constitué » votre maison ou votre appartement, comment sont les volumes, la distribution et la superficie des pièces, les ouvertures... Y a-t-il un grenier, une cave ?

▪ CONSCIENCE : Faites un parallèle entre votre maison et vous. Est-elle divisée en petits ou larges espaces, êtes-vous compartimenté ou bien ouvert ? Y a-t-il de petites fenêtres, de grandes baies ou une verrière ? Vous protégez-vous, ou au contraire êtes-vous ouvert et confiant envers l'extérieur ? Avez-vous une cave ou un grenier dans lequel beaucoup de choses sont stockées ? Gardez-vous beaucoup de choses de votre passé ? Tout cela vous représente et vous indique la manière dont vous fonctionnez et comment vous organisez votre vie en ce moment.

▪ ACTION : Voyez si votre habitation vous correspond toujours. Dans le cas contraire, vous pourriez faire des travaux, si vous êtes propriétaire, ou envisager un déménagement, si vous êtes locataire.

▪ QUALITÉ À DÉVELOPPER : La cohérence.

Coefficient de conscience
Le saviez-vous ?
OUI = 1 point • **NON = 0** point
(entourez 0 ou 1 point et ajoutez 0 ou 1 à votre total)
Total =

33 | LA RELATION AU CORPS

▪ **SITUATION** : Comment traitez-vous votre corps ? Quelle relation avez-vous avec lui ?

▪ **CONSCIENCE** : Vous vous faites mal physiquement, que vous vous cogniez, vous blessiez ou vous froissiez un muscle, que vous ayez des douleurs au dos et vous négligez de vous soigner. Cela traduit combien vous êtes négligent à l'égard de vous-même, et il est fort probable que vous rencontriez dans la vie des situations dures, voire compliquées. Vous persistez dans une direction erronée, alors que votre corps vous envoie des messages pour vous indiquer de changer de voie. Cette tendance à vous faire mal physiquement dénote un manque d'attention et de connaissance de vos limites et prouve un non-respect vis-à-vis de vous. En principe, vous avez eu des signes précurseurs que vous n'avez pas pris en compte. Faites-vous souvent des choses dont vous n'avez absolument pas envie ? À l'inverse, si vous savez prendre soin de vous et que vous n'avez aucun problème physique, c'est que vous savez écouter vos besoins et vos limites. Vous évaluez avec justesse votre force et vos capacités, car vous êtes bien dans le respect de votre corps. À ce moment-là, la vie est plus facile, les situations sont fluides et vous pouvez même rencontrer des coïncidences intéressantes.

▪ **ACTION** : Écoutez au quotidien votre corps qui est un messager, veillez à prendre soin de vous et à maintenir votre intégrité corporelle.

▪ **QUALITÉ À DÉVELOPPER** : Le respect de votre corps.

Coefficient de conscience
Le saviez-vous ?
OUI = **1** point • **NON** = **0** point
(entourez 0 ou 1 point et ajoutez 0 ou 1 à votre total)
Total =

34 | L'ENTRETIEN,
L'ORGANISATION DE LA MAISON

▪ SITUATION : Comment votre maison est-elle entretenue et organisée ?

▪ CONSCIENCE : Une maison bien agencée, équipée, rangée montre qu'une certaine fluidité circule en vous, que votre état d'esprit est tranquille. Quand elle est peu pratique, désordonnée et mal entretenue, c'est qu'un certain encombrement vous habite. Vous avez probablement tendance à laisser traîner les choses, les situations, et votre esprit peut s'en trouver parfois embrouillé.

▪ ACTION : Lorsque vous faites le ménage, faites-le consciemment, sachant l'impact que cela exerce sur votre état d'esprit. Veillez à jeter tout ce qui est cassé et inutile. Rangez votre maison, afin qu'il y ait plus de clarté dans votre tête.

▪ QUALITÉS À DÉVELOPPER : L'organisation, la clarté.

Coefficient de conscience
Le saviez-vous ?
OUI = 1 point • **NON = 0** point
(entourez 0 ou 1 point et ajoutez 0 ou 1 à votre total)
Total =

35 | LE MOBILIER

- SITUATION : Observez, puis décrivez le mobilier de votre appartement, de votre maison.

- CONSCIENCE : Avez-vous beaucoup de meubles ou privilégiez-vous l'espace en gardant des murs entièrement libres ? Soit vous avez besoin en général d'occuper l'espace, le vide vous rend mal à l'aise, soit au contraire vous êtes plutôt une personne détachée et « zen ». Vos meubles sont-ils fabriqués en sapin ou en chêne, de style ancien ou moderne, vous êtes fragile ou solide, nostalgique de votre passé ou orienté plus vers le futur ? Ceux qui préfèrent l'ancien, les antiquités, la brocante, ont un sens de la pérennité très développé, leur sensibilité leur fait contacter l'« âme » des choses. Votre décoration est-elle toujours la même depuis dix ans ou a-t-elle changé ? Garder le même mobilier indique que vous êtes accroché à vos habitudes, ce qui vous fait éprouver des difficultés à changer.

- ACTION : Décodez ce que votre mobilier vous renvoie à l'aide des indications ci-dessus et vous prendrez conscience de ce que vous avez envie de modifier éventuellement.

- QUALITÉ À DÉVELOPPER : L'observation.

Coefficient de conscience
Le saviez-vous ?
OUI = 1 point • **NON = 0** point
(entourez 0 ou 1 point et ajoutez 0 ou 1 à votre total)
Total =

---

36 | UNE MAÎTRESSE OU UN AMANT

- **SITUATION** : Vous êtes marié ou vivez maritalement et vous avez une maîtresse ou un amant.

- **CONSCIENCE** : Vous vous sentez frustré, insatisfait sexuellement ou affectivement, ce que vous ne supportez pas. En allant « voir » ailleurs, vous tentez d'éviter une confrontation avec une partie de vous-même que vous n'arrivez pas à gérer. Vous en êtes arrivé là, car, depuis un certain temps, des décalages, des non-dits, des malentendus ont pu s'immiscer dans votre relation habituelle, créant une foule de petits manques. Cette absence d'ajustement finit généralement par se reporter au niveau de la sexualité. Ce manque de fidélité avec soi se compense par une infidélité à l'extérieur.

- **ACTION** : Peut-être est-il temps d'arrêter de tromper, de tricher avec une partie de vous-même, pour devenir maintenant entier et vous sentir complet. Posez-vous les vraies questions au sujet de votre couple.

- **QUALITÉ À DÉVELOPPER** : L'aptitude à échanger plus souvent avec l'autre, dans une véritable communication et à regarder en vous-même ou vous en êtes et ce que vous voulez vraiment.

Coefficient de conscience

Le saviez-vous ?

OUI = **1** point • **NON** = **0** point

(entourez 0 ou 1 point et ajoutez 0 ou 1 à votre total)

Total =

37 | LA RELATION
AUX ANIMAUX DOMESTIQUES

▪ SITUATION : Avez-vous un chien, un chat, des oiseaux, des poissons ou d'autres animaux domestiques avec lesquels vous passez du temps. Caressez-vous votre chien, câlinez-vous votre chat, leur parlez-vous… ?

▪ CONSCIENCE : Ces moments illustrent votre besoin d'affection, de tendresse, d'attention, de contact, de douceur. Les animaux domestiques sont généralement accueillants, gentils et doux. Un chien stimule en vous la gaieté, le jeu, la reconnaissance, la sécurité, la fidélité. Un chat vous amène à travailler l'indépendance, la liberté et l'autonomie. Et, si vous avez un oiseau, c'est la légèreté, la sensibilité, la liberté qui vous sont transmises…

▪ ACTION : Je vous laisse explorer le rapport et les liens qui vous unissent à ces « compagnons », afin de mieux vous comprendre.

▪ QUALITÉ À DÉVELOPPER : La communication.

Coefficient de conscience
Le saviez-vous ?
OUI = 1 point • **NON = 0** point
(entourez 0 ou 1 point et ajoutez 0 ou 1 à votre total)
Total =

38 | L'ATTITUDE CORPORELLE

▪ SITUATION : Quelle posture corporelle adoptez-vous le plus souvent dans votre vie quotidienne ?

▪ CONSCIENCE : Si vous avez le dos légèrement courbé, les épaules tombantes, vous portez des problèmes, des responsabilités peut-être trop lourdes pour vous. Il est possible aussi que vous ne vous sentiez pas suffisamment soutenu dans ce que vous entreprenez. Si votre corps est trop droit, voire un peu raide, vous manquez certainement de souplesse et votre esprit quelque peu rigide a sûrement besoin de tout contrôler dans la vie. Les autres peuvent même vous sentir un peu froid et distant. À l'inverse, si vous avez du mal à vous tenir droit, le corps un peu mou, vous avez une tendance à l'empathie, vous vous intéressez aux autres, mais vous pouvez être trop malléable et influençable. Plus de structure et de force intérieure vous seraient bénéfiques. Le maintien de votre corps révèle généralement un trait de votre personnalité à travailler.

▪ ACTION : En ayant repéré votre propre attitude corporelle, voyez ce que vous pouvez en comprendre, ce que vous souhaitez modifier.

▪ QUALITÉ À DÉVELOPPER : L'observation.

Coefficient de conscience

Le saviez-vous ?

OUI = 1 point • **NON = 0** point

(entourez 0 ou 1 point et ajoutez 0 ou 1 à votre total)

Total =

39 | La légèreté

- **Situation** : Qualifiez-vous votre vie de facile, légère, ou non ?

- **Conscience** : Chacun peut décider de choisir un travail qui ne demande pas d'effort physique, qui n'est pas trop fatigant. Certains emplois procurent du plaisir et correspondent à vos dons et à vos capacités innées. Vous pouvez choisir d'avoir du temps pour vous, de prendre soin de votre corps, de vous promener dans la nature. C'est vous qui créez les conditions nécessaires pour mettre en place ce que vous ressentez de bon intérieurement. Il vous appartient de vous faire plaisir, d'aller vers des personnes qui vous correspondent, afin qu'il puisse y avoir un échange. C'est vous-même qui décidez de vous offrir ou non une vie qui soit légère et facile sur tous les plans.

- **Action** : Si vous constatez que votre vie ne correspond pas à ce que vous souhaitez, donnez-vous les moyens de changer les choses. Vous seul êtes en mesure de réaliser cela.

- **Qualité à développer** : La responsabilité.

Coefficient de conscience
Le saviez-vous ?

OUI = **1** point • **NON** = **0** point

(entourez 0 ou 1 point et ajoutez 0 ou 1 à votre total)

Total =

40 | LE SÉRIEUX

▪ **SITUATION** : Toujours sérieux, raisonnable, sage, sans faire un pas de travers, vous restez dans le moule des convenances.

▪ **CONSCIENCE** : Selon certaines circonstances vécues dans l'enfance, nous sommes amenés à devenir sérieux, raisonnables, irréprochables. Il s'agit d'un rôle que nous nous sentons obligés de jouer. Une fois adultes, nous maintenons cette attitude par habitude. C'est un peu comme un scénario que l'on répète et que l'on rejoue. La plupart d'entre nous ignore que c'est un jeu qui nous éloigne de notre « je ». En prenant conscience de cela, vous pouvez décider d'adopter de nouveaux comportements qui vous amènent vers le plaisir, la joie, la jouissance… en trouvant l'équilibre entre votre côté sérieux et votre côté bon vivant.

▪ **ACTION** : Essayez de vous amuser, rapprochez-vous de personnes qui ont de l'humour, assistez à des spectacles comiques et faites des choses inhabituelles.

▪ **QUALITÉ À DÉVELOPPER** : La détente.

Coefficient de conscience
Le saviez-vous ?
OUI = **1** point • **NON** = **0** point
(entourez 0 ou 1 point et ajoutez 0 ou 1 à votre total)
Total =

41 | L'ÉLECTRICITÉ

▪ **SITUATION** : Avez-vous des problèmes avec le système électrique de votre habitation ou non ?

▪ **CONSCIENCE** : Vous avez des courts-circuits, les fusibles sautent, des ampoules claquent, des surtensions, etc. Cela signifie que vous n'êtes pas bien en contact ou en accord avec vous-même ou encore vous avez un manque d'énergie, vous êtes très fatigué et n'avez plus assez de « jus ». Cela peut aussi indiquer un trop-plein d'énergie mal réparti ou le fait que vous soyez survolté et là encore, vous « disjonctez ». Tout ce qui se passe dans votre circuit électrique est un excellent baromètre de la gestion de votre énergie interne. Chaque interruption est un signe à prendre en compte pour ne pas laisser s'aggraver les choses, mais plutôt trouver des solutions durables.

▪ **ACTION** : Vous avez besoin d'apprendre à respecter votre rythme, de prendre des temps de repos et de loisir afin de ne plus interrompre le courant en vous et de le laisser circuler en continu. Ainsi, vos propres circuits seront à nouveau alimentés correctement.

▪ **QUALITÉ À DÉVELOPPER** : L'équilibre énergétique.

Coefficient de conscience
Le saviez-vous ?
OUI = **1** point • **NON** = **0** point
(entourez 0 ou 1 point et ajoutez 0 ou 1 à votre total)
Total =

42 | LA PANNE

▪ **SITUATION** : Avez-vous des problèmes avec votre véhicule ou non ?

▪ **CONSCIENCE** : Votre voiture représente symboliquement votre manière de fonctionner dans la vie. Votre véhicule est en panne, ne roule plus ou marche mal. Vous vous sentez coincé dans votre vie, les choses n'avancent pas comme vous voulez. Votre démarreur est en panne, vous avez sûrement du mal à lancer quelque chose. Votre colonne de direction coince, vous hésitez ou ne savez pas quelle direction prendre dans votre vie. Vos freins lâchent, vous allez trop vite, vous vous emballez. Votre moteur tombe en panne, vous n'avancez plus et vous ne pouvez pas reculer. Quand vous êtes stoppé net, c'est le signe que de profonds changements sont à prévoir dans votre vie. Chaque pièce de votre voiture vous indique clairement de quel dysfonctionnement vous souffrez.

▪ **ACTION** : Au lieu de maudire les pannes de votre voiture, voyez-les sous un autre angle et profitez-en pour réguler votre propre dérèglement.

▪ **QUALITÉS À DÉVELOPPER** : La « réparation de soi », la guérison.

Coefficient de conscience
Le saviez-vous ?
OUI = **1** point • **NON** = **0** point
(entourez 0 ou 1 point et ajoutez 0 ou 1 à votre total)
Total =

43 | L'AGENDA

■ **SITUATION** : Avez-vous un agenda ou vivez-vous sans ? L'avez-vous déjà égaré, perdu ?

■ **CONSCIENCE** : Sans agenda, vous risquez d'oublier des rendez-vous, des choses que vous avez à faire. De nature un peu rêveur ou fantasque, vous manquez un peu d'organisation, de sens pratique, et il est possible que vous n'avanciez pas dans la vie comme vous le souhaitez. Il peut vous arriver d'égarer ou de perdre votre agenda, votre organiseur, votre carnet de rendez-vous. Vous vous sentez surchargé, débordé, mais vous n'agissez pas pour changer les choses, votre planning est toujours aussi rempli. La vie vous fait donc signe pour vous amener à vous interroger sur ce problème. C'est un lâcher-prise nécessaire.

■ **ACTION** : Avoir un agenda est un point d'ancrage avec la réalité sociale. Si vous le perdez, vous devez apprendre à faire des choix, à mieux évaluer et à revoir votre organisation pour respecter votre vie personnelle, familiale et professionnelle.

■ **QUALITÉ À DÉVELOPPER** : La juste organisation.

Coefficient de conscience

Le saviez-vous ?

OUI = 1 point • **NON = 0** point

(entourez 0 ou 1 point et ajoutez 0 ou 1 à votre total)

Total =

44 | LES MOTS

▪ **SITUATION** : Habituellement, nous n'attribuons aux mots qu'un seul niveau d'interprétation.

▪ **CONSCIENCE** : Toutefois, dans la langue française, les mots de par leur structure, possèdent un second sens, appelé « le langage des oiseaux ». Cette autre interprétation vous donne un nouvel éclairage, afin de mieux comprendre différentes dimensions de la vie. Voici quelques exemples :

– La maladie : le mal a dit.

– Le mal de dent : mal à l'intérieur, au-dedans de soi.

– La magie : l'âme qui agit.

– La couleur orange : l'or des anges.

– La permission : la mission du père.

– Renaître : naître, n'être à nouveau.

– Un passage : un pas sage.

– Terrien : tu es rien, etc.

Passer de l'étymologie du mot, de son histoire, à l'exploration de son champ symbolique dans la forme inconsciente s'appelle l'« euphonie ». Il existe des livres traitant de ce sujet, mentionnés en bibliographie.

▪ **ACTION** : Soyez attentif aux mots que vous employez, et à leur second sens, tout comme à ceux des autres.

▪ **QUALITÉ À DÉVELOPPER** : L'attention.

Coefficient de conscience
Le saviez-vous ?
OUI = 1 point • **NON** = 0 point
(entourez 0 ou 1 point et ajoutez 0 ou 1 à votre total)
Total =

45 | L'INTUITION

- **SITUATION** : Vous avez de l'intuition, que vous suivez régulièrement, ou vous ne l'écoutez pas, ou encore vous pensez ne pas en avoir.

- **CONSCIENCE** : L'intuition est un moyen de perception de la réalité, un mode de connaissance. Savoir que quelque chose va se passer, connaître le véritable état de quelqu'un, avoir une première impression juste au sujet d'une personne… font partie du fonctionnement de l'intuition. L'écouter revient à être réellement en contact avec toutes vos capacités. De nombreuses connaissances, ainsi que toutes les réponses vous concernant, sont en vous. L'intelligence de votre intuition vous permet d'y accéder. Que vous soyez un homme ou une femme, nous avons tous en nous un potentiel intuitif que nous n'utilisons souvent qu'à 10 %.

- **ACTION** : Prenez régulièrement du temps pour calmer vos pensées, relaxez-vous, respirez pour apprendre à être bien présent en vous, ce qui facilitera l'accès à votre créativité et à votre intuition. En bibliographie, vous trouverez une méthode pour développer votre intuition.

- **QUALITÉS À DÉVELOPPER** : Le calme, la présence.

Coefficient de conscience

Le saviez-vous ?

OUI = **1** point • **NON** = **0** point

(entourez 0 ou 1 point et ajoutez 0 ou 1 à votre total)

Total =

46 | LA MATRICE

- **SITUATION** : Chaque jour vous faites la même chose, vos habitudes ne changent pas, une routine s'est installée.

- **CONSCIENCE** : Vous obéissez involontairement à une « programmation » venant de votre environnement familial, de votre éducation, de votre milieu social et culturel, et dans laquelle vous avez baigné dès votre plus jeune âge. Vous vous êtes construit en intégrant des repères qui, aujourd'hui, sont toujours actifs. Parfois, vous pouvez vous sentir coincé et obligé de vivre dans la répétition. Par besoin de sécurité, de protection et de permanence, vous entretenez des habitudes qui vous privent de tout accès au libre arbitre. Le changement et l'inconnu peuvent vous effrayer. Cependant, sachez que, dans ce cas, votre passé se superpose à votre présent jusqu'à ce que vous changiez quelque chose.

- **ACTION** : Chaque jour, essayez de faire quelque chose d'inhabituel et ressentez ce que cela vous fait d'agir différemment.

- **QUALITÉ À DÉVELOPPER** : Le changement.

Coefficient de conscience
Le saviez-vous ?
OUI = 1 point • **NON = 0** point
(entourez 0 ou 1 point et ajoutez 0 ou 1 à votre total)
Total =

47 | LE SENS DE L'ORIENTATION

• SITUATION : Vous avez du mal à lire un plan, une carte routière pour arriver à bon port, à la bonne destination, voire même, à l'heure. Vous repérer, vous retrouver dans une ville, un parking, une forêt est une réelle difficulté.

• CONSCIENCE : Ce problème d'orientation peut être la conséquence d'une sorte de confusion, d'une tendance à l'indécision, à un manque de logique qui vous conduit à faire des détours et vous empêche souvent d'aller droit au but. Plutôt cerveau droit, l'imagination, la sensibilité, la créativité, le sens de la globalité des choses sont vos atouts. En revanche, vous manquez de structure et de précision dans votre état d'esprit et dans votre manière de penser en général.

• ACTION : Si vous hésitez entre plusieurs chemins, prenez-en un. Essayez d'être plus attentif à ce que vous faites, développez la précision, entrez un peu dans la logique des choses et surtout prenez des décisions (passez à l'action).

• QUALITÉS À DÉVELOPPER : La lucidité, la décision, l'action.

Coefficient de conscience
Le saviez-vous ?
OUI = 1 point • **NON = 0** point
(entourez 0 ou 1 point et ajoutez 0 ou 1 à votre total)
Total =

48 | LE VIDE AMICAL

- **SITUATION** : Des proches s'éloignent de vous, ils ont du mal à vous comprendre, vous n'avez plus les mêmes sujets de conversation et perdez de l'intérêt à passer des moments ensemble.

- **CONSCIENCE** : Vous avez probablement changé, votre entourage s'en rend compte inconsciemment et a du mal parfois à accepter qui vous devenez. Cela peut être dérangeant pour tous, car la relation habituelle n'est plus. C'est le signe d'une transition qui montre que le moment est venu de passer à autre chose, à une nouvelle dynamique relationnelle. Ce vide n'est pas facile à vivre, même s'il est bénéfique, car il vous prépare à rencontrer de nouvelles personnes qui correspondent à ce que vous devenez. C'est aussi l'annonce d'un renouvellement amical.

- **ACTION** : Lorsque vous vivez cette étape de vide amical, soyez rassuré en sachant qu'il s'agit d'une préparation pour accueillir de nouvelles relations. C'est sûrement le signe d'un changement de plan de conscience. Soyez ouvert aux nouvelles personnes qui viennent vers vous ou motivez-vous pour aller à la rencontre d'autrui.

- **QUALITÉ À DÉVELOPPER** : L'acceptation.

Coefficient de conscience

Le saviez-vous ?

OUI = 1 point • **NON** = 0 point

(entourez 0 ou 1 point et ajoutez 0 ou 1 à votre total)

Total =

49 | LE NON-RESPECT

• SITUATION : Vous avez tendance à ne pas assez écouter les autres, ni à les respecter. En principe, vous n'en faites qu'à votre tête, même si cela dérange les membres de votre famille, vos collègues et vos relations.

• CONSCIENCE : Quand vous faites subir cela aux autres, c'est qu'initialement vous ne respectez pas une grande partie de vous-même. En conséquence, il est possible que de nombreux petits détails de votre vie ne vous conviennent pas. Peut-être votre travail ou le lieu où vous habitez ne vous plaisent-ils plus, peut-être n'aimez-vous plus votre conjoint, etc. En maintenant malgré tout ces situations, vous ne vous respectez pas et cet état d'esprit influe sur votre comportement envers les autres.

• ACTION : Agissez sur ce qui ne vous correspond pas ou plus et vous aurez tendance à beaucoup moins critiquer et juger les autres, à respecter ce qu'ils sont.

• QUALITÉ À DÉVELOPPER : La tolérance.

Coefficient de conscience
Le saviez-vous ?
OUI = 1 point • **NON = 0** point
(entourez 0 ou 1 point et ajoutez 0 ou 1 à votre total)
Total =

50 | LA NOUVEAUTÉ

• **SITUATION** : Vous refusez de quitter vos habitudes ou, à l'inverse, vous aimez tout ce qui est nouveau et qui change.

• **CONSCIENCE** : Lorsque votre vie est ponctuée d'habitudes, c'est souvent parce que des peurs, des résistances vous manipulent, afin que vous restiez dans votre zone de confort. Si, au contraire, vous recherchez la nouveauté, qu'il faille que votre vie bouge, c'est le signe d'une grande curiosité et d'une soif d'apprendre. L'occasion vous est donnée de découvrir d'autres parties de vous que vous ne connaissez pas. Pour que cela ne devienne pas de l'instabilité, agissez consciemment avec l'intention de vous enrichir. Vous aurez de grandes chances de créer de multiples changements qui peuvent s'exprimer à travers votre créativité.

• **ACTION** : Pour les premiers, pris dans vos habitudes, essayez une fois par semaine de faire quelque chose de tout à fait inhabituel, puis racontez cela à vos proches. Les seconds, toujours en quête, soyez conscients de ce qui vous pousse à vouloir du nouveau et habituez-vous à stabiliser chaque étape.

• **QUALITÉ À DÉVELOPPER** : L'ouverture.

Coefficient de conscience

Le saviez-vous ?

OUI = **1** point • **NON** = **0** point

(entourez 0 ou 1 point et ajoutez 0 ou 1 à votre total)

Total =

51 | LES TRAVAUX

• SITUATION : Vous prévoyez de faire des travaux ou vous êtes en train d'en faire chez vous.

• CONSCIENCE : Peut-être faites-vous des travaux de décoration, de peinture, de tapisserie, de revêtement de sol. Vous rénovez votre installation électrique ou votre plomberie, ou vous effectuez des travaux d'agrandissement, une modification de cloisons, des ouvertures pour de nouvelles baies vitrées, la réfection de votre toiture, etc. Comme la maison vous représente symboliquement, cela indique que, petits ou grands, selon la nature des travaux, des changements se font en vous, ou sont en préparation. Pour mieux expliquer ce qui se passe en vous, sachez que chaque pièce représente un aspect de votre personnalité. Par exemple : la salle de bains et toutes les pièces d'eau, le plan émotionnel ; la cuisine, le plan matériel et physique ; le bureau, votre plan intellectuel et professionnel, les chambres, le plan personnel et intime, le séjour, le plan social et familial, etc.

• ACTION : Vous pouvez maintenant modifier votre demeure avec cet état de conscience.

• QUALITÉS À DÉVELOPPER : La transformation, l'évolution.

Coefficient de conscience
Le saviez-vous ?
OUI = **1** point • **NON** = **0** point
(entourez 0 ou 1 point et ajoutez 0 ou 1 à votre total)
Total =

52 | LE COUPLE

- **SITUATION** : Vous rencontrez des difficultés relationnelles dans votre couple.

- **CONSCIENCE** : Nous avons tous à l'intérieur de nous une polarité féminine et une autre masculine, et ce quel que soit notre sexe. Si votre côté féminin réceptif, sensible, doux, créatif est peu développé, vous avez certainement à vos côtés un(e) partenaire avec un féminin excessif. L'inverse est bien sûr vrai, car nous avons tendance à attirer notre contraire, afin de nous nourrir de ce qui nous manque. Inconsciemment, nous nous équilibrons de cette manière. Aussi une femme organisée, méthodique, rigoureuse peut être attirée par un homme un peu bohème, distrait, créatif… Équilibrer en conscience votre couple intérieur, c'est-à-dire votre dimension féminine et masculine, vous permettra de créer un couple extérieur harmonieux. Si vous ne faites pas cette alchimie, ce qui vous a attiré chez l'autre pourrait un jour vous horripiler !

- **ACTION** : Observez le partenaire avec lequel vous vivez et prenez conscience des différences qui existent entre vous. Cela vous éclairera sur les points que vous avez à développer en vous et permettra à votre relation de devenir plus consciente et apaisée.

- **QUALITÉ À DÉVELOPPER** : L'équilibre.

Coefficient de conscience

Le saviez-vous ?

OUI = **1** point • **NON** = **0** point

(entourez 0 ou 1 point et ajoutez 0 ou 1 à votre total)

Total =

53 | LES TACHES

- **SITUATION** : Vous faites parfois ou régulièrement des taches sur vos vêtements : cravates, chemises, tee-shirts, pantalons, jupes... Dans le même ordre d'idées, vous avez tendance à vous salir assez rapidement.

- **CONSCIENCE** : Vous n'êtes pas assez attentif à ce que vous faites, vous parlez, pensez à autre chose, vous êtes distrait. Chaque tache est le signe de votre manque de concentration. Les taches sont donc un rappel pour vous suggérer d'être plus présent à ce que vous faites.

- **ACTION** : Habituez-vous à être réellement présent à vous-même dans tout ce que vous faites.

- **QUALITÉS À DÉVELOPPER** : Le recentrage, la concentration.

Coefficient de conscience
Le saviez-vous ?
OUI = **1** point • **NON** = **0** point
(entourez 0 ou 1 point et ajoutez 0 ou 1 à votre total)
Total =

54 | L'ENFER / LE PARADIS

▪ SITUATION : Avez-vous tendance à être plutôt pessimiste ou optimiste ?

▪ CONSCIENCE : Votre état d'esprit influe sur les situations que vous vivez. Par exemple : si vous êtes défaitiste et pessimiste, vous avez tendance à rencontrer des personnes déprimées ou critiques. Au travail, vous avez à gérer des problèmes et des contrariétés. Tristesse, apathie, colère et dureté alternent en vous, votre vie ressemble à un combat, vous êtes alors en « enfer ». Plus vous cultiverez cette énergie, plus elle s'intensifiera. En revanche, lorsque vous êtes de nature ou d'humeur optimiste, il vous est facile de rendre des services, de trouver des solutions rapides à tous vos problèmes, d'avoir de réels échanges et partages avec votre entourage. Vous voyez la vie du bon côté. Le calme, l'humour, la joie vous amènent à comprendre les choses avec une certaine justesse, un état d'esprit ouvert vous encourage également à savoir pardonner quand il le faut. Ne cherchez plus alors à entrer au paradis, vous y êtes déjà !

▪ ACTION : Habituez-vous à penser et à agir le plus positivement possible. Chaque fois que vous le pouvez, retournez le négatif en positif !

▪ QUALITÉS À DÉVELOPPER : L'ouverture, l'optimisme.

Coefficient de conscience

Le saviez-vous ?

OUI = 1 point • **NON = 0** point

(entourez 0 ou 1 point et ajoutez 0 ou 1 à votre total)

Total =

55 | LE CÉLIBAT

▪ **SITUATION** : Vous vivez seul(e) et avez du mal à trouver un(e) partenaire.

▪ **CONSCIENCE** : Votre état d'esprit participe pour une large part à votre célibat. Votre caractère renfermé, réservé ou trop exigeant et dominateur peut empêcher la rencontre. Afin de clarifier les raisons de votre solitude, voici un petit exercice : prenez une feuille de papier, faites la liste de ce que vous pensez du sexe opposé, les bonnes choses, comme les moins bonnes, puis relisez-vous. Si vous trouvez plus de défauts que de qualités, cela réduit votre capacité à attirer quelqu'un.

▪ **ACTION** : Le jour où vous changerez vos pensées et vos croyances sur l'autre sexe, l'extérieur se modifiera automatiquement et une rencontre deviendra possible.

▪ **QUALITÉS À DÉVELOPPER** : L'ouverture, l'acceptation.

Coefficient de conscience

Le saviez-vous ?

OUI = **1** point • **NON** = **0** point

(entourez 0 ou 1 point et ajoutez 0 ou 1 à votre total)

Total =

56 | LA NÉCESSITÉ DU CHANGEMENT

▪ SITUATION : Depuis votre enfance, vous avez probablement vécu de multiples bouleversements : l'arrivée d'un frère, le changement d'école, des déménagements, de nouveaux amis, mais aujourd'hui, vous vous accrochez à vos habitudes et pourtant votre vie se complique.

▪ CONSCIENCE : La vie par essence est changement naturel, tout bouge, tout est mouvement, vibration, énergie dans votre corps (le sang, les cellules, les aliments, l'oxygène…). Le monde extérieur suit cette même dynamique : le vent, l'eau, la nature, la terre, le soleil, les planètes sont en mouvement. Quand nous restons dans nos habitudes (nos pensées, nos peurs, notre passé), sur une longue période… nous nous décalons du mouvement naturel de la vie. Comme nous sommes figés, nous attirons des problèmes et des complications que, bien souvent, nous ne comprenons pas. En revanche, dès que nous acceptons ce qui se passe, les nouvelles expériences qui nous sont proposées, nous avons toutes les chances de voir notre vie s'améliorer. Nous nous retrouvons en phase avec la « synchro-destinée » (voir en bibliographie).

▪ ACTION : Le meilleur moyen de résoudre vos difficultés consiste à accepter de changer et d'agir le plus possible selon vos envies. Allez-y, ayez confiance, posez de nouvelles actions !

▪ QUALITÉS À DÉVELOPPER : L'action nouvelle, l'audace.

Coefficient de conscience

Le saviez-vous ?

OUI = 1 point • **NON = 0** point

(entourez 0 ou 1 point et ajoutez 0 ou 1 à votre total)

Total =

---

57 | LE CERVEAU GAUCHE POSITIF

▪ SITUATION : Vous êtes rationnel, cartésien, la logique est votre atout.

▪ CONSCIENCE : Vous avez tendance à être plutôt cerveau gauche « positif ». Que cela signifie-t-il ? Les capacités de votre cerveau gauche sont stimulées et peuvent, dans certains cas, être dominantes. Cet hémisphère gère la logique, le centre de la parole, la lecture, l'écriture, l'arithmétique, la pensée linéaire, le limité, le séquentiel, le masculin, l'activité, le conscient, l'intelligence rationnelle, le matériel, la science… Il est associé au côté droit du corps. Dans notre culture occidentale, l'éducation repose essentiellement sur le développement de cette partie du cerveau. L'utilisation du cerveau gauche vous permet d'accéder à des ressources telles que la concrétisation, la structuration afin de construire votre vie avec succès.

▪ ACTION : Veillez à ne pas privilégier uniquement ce cerveau car tout excès peut faire basculer dans une polarité négative énumérée au n° 58.

▪ QUALITÉS À DÉVELOPPER : L'équilibre, l'harmonie.

Coefficient de conscience
Le saviez-vous ?
OUI = 1 point • **NON = 0** point
(entourez 0 ou 1 point et ajoutez 0 ou 1 à votre total)
Total =

58 | LE CERVEAU GAUCHE NÉGATIF

▪ SITUATION : Votre comportement est parfois rigide, intransigeant, on vous dit même « froid ».

▪ CONSCIENCE : Ces traits dénotent la polarité « négative » de votre personnalité liée à votre cerveau gauche. Cela montre que vous avez à travailler ces « défauts », pour mieux utiliser les aptitudes positives énumérées au n° 57. Voici donc quelques attitudes cerveau gauche « négatif » : la manipulation, la résistance au changement, l'hyper-logique, l'abus de pouvoir, la force mal utilisée, la toute-puissance, la domination, l'insensibilité, l'orgueil, l'obstination, le paraître, l'esprit de possession... Entourez ce qui semble vous correspondre.

▪ ACTION : En repérant honnêtement vos propres « défauts », décidez de changer vos comportements « négatifs », afin de les éliminer peu à peu de votre personnalité.

▪ QUALITÉS À DÉVELOPPER : Le recentrage, l'intuition, la créativité.

Coefficient de conscience

Le saviez-vous ?

OUI = 1 point • **NON = 0** point

(entourez 0 ou 1 point et ajoutez 0 ou 1 à votre total)

Total =

60 | LE CERVEAU DROIT NÉGATIF

- **SITUATION** : Votre comportement est parfois déraisonnable, irrationnel, hyperémotif, ou vous avez l'impression d'être dans l'illusion.

- **CONSCIENCE** : Ces traits dénotent la polarité « négative » de votre personnalité liée à votre cerveau droit. Cela montre ce que vous avez à travailler. En réduisant ces « défauts », vous manifesterez davantage toutes les aptitudes positives énumérées au n° 59. Voici quelques attitudes cerveau droit « négatif » : l'illusion, l'évitement, l'indécision, la sensiblerie, la paresse, le laisser-aller, l'irresponsabilité, l'instabilité, la désorganisation, la soumission, l'esprit de victime, le manque de concrétisation…

- **ACTION** : En repérant honnêtement vos propres « défauts », décidez de changer vos comportements « négatifs », afin de les éliminer peu à peu de votre personnalité.

- **QUALITÉS À DÉVELOPPER** : Le recentrage, l'action, la concrétisation.

Coefficient de conscience
Le saviez-vous ?
OUI = **1** point • **NON** = **0** point
(entourez 0 ou 1 point et ajoutez 0 ou 1 à votre total)
Total =

60 | LE CERVEAU DROIT NÉGATIF

▪ **SITUATION** : Votre comportement est parfois déraisonnable, irrationnel, hyperémotif, ou vous avez l'impression d'être dans l'illusion.

▪ **CONSCIENCE** : Ces traits dénotent la polarité « négative » de votre personnalité liée à votre cerveau droit. Cela montre ce que vous avez à travailler. En réduisant ces « défauts », vous manifesterez davantage toutes les aptitudes positives énumérées au n° 59. Voici quelques attitudes cerveau droit « négatif » : l'illusion, l'évitement, l'indécision, la sensiblerie, la paresse, le laisser-aller, l'irresponsabilité, l'instabilité, la désorganisation, la soumission, l'esprit de victime, le manque de concrétisation…

▪ **ACTION** : En repérant honnêtement vos propres « défauts », décidez de changer vos comportements « négatifs », afin de les éliminer peu à peu de votre personnalité.

▪ **QUALITÉS À DÉVELOPPER** : Le recentrage, l'action, la concrétisation.

Coefficient de conscience

Le saviez-vous ?

OUI = **1** point • **NON** = **0** point

(entourez 0 ou 1 point et ajoutez 0 ou 1 à votre total)

Total =

61 | L'ACTIVITÉ MANUELLE

- **SITUATION** : Vous êtes attiré par des activités manuelles telles que le jardinage, la peinture, le bricolage, la céramique, la sculpture, le modélisme, etc.

- **CONSCIENCE** : Plus vous exercez un métier où l'intellect est privilégié, plus vous avez besoin de revenir au contact avec la matière. Pour calmer votre activité mentale (60 000 à 80 000 pensées par jour), il est nécessaire de détourner votre attention. Vous entrez dans un nouveau processus créatif grâce à l'activité manuelle, qui vous fait vivre la conscience de l'instant présent et la concentration. Ce calme de l'esprit vous rapproche même d'un état méditatif.

- **ACTION** : Pratiquer consciemment l'activité manuelle de votre choix augmentera tous les bénéfices que vous pourrez en tirer.

- **QUALITÉ À DÉVELOPPER** : Le sens du toucher.

Coefficient de conscience
Le saviez-vous ?
OUI = 1 point • **NON = 0** point
(entourez 0 ou 1 point et ajoutez 0 ou 1 à votre total)
Total =

62 | LES CONSEILS

▪ **SITUATION** : Sans qu'on vous le demande, vous donnez parfois ou souvent des conseils, à vos proches ou à autrui.

▪ **CONSCIENCE** : Ce que vous conseillez à votre famille, vos amis, vos collaborateurs en insistant : « Mais tu devrais prendre des vacances, tu devrais te reposer »… correspond bien souvent à ce dont vous avez besoin, mais que vous n'arrivez pas à faire. Vous croyez parler à l'autre, mais c'est souvent de vous que vous parlez. Écouter, enregistrer, noter les conseils que vous dispensez aux autres vous conduira à devenir plus conscient de vous-même et de vos propres besoins.

▪ **ACTION** : Écoutez les conseils que vous donnez et appliquez-les déjà à vous-même. Apprenez à conseiller uniquement si l'autre vous en fait la demande. Dès lors, votre conseil aura plus de chance de correspondre à la personne et d'être suivi.

▪ **QUALITÉ À DÉVELOPPER** : L'art de s'écouter parler.

Coefficient de conscience

Le saviez-vous ?

OUI = 1 point • **NON = 0** point

(entourez 0 ou 1 point et ajoutez 0 ou 1 à votre total)

Total =

63 | LA DURETÉ

▪ SITUATION : Croyez-vous que votre vie est dure ?

▪ CONSCIENCE : Cette croyance peut concerner plusieurs domaines de notre vie. Nous sommes amenés à exercer un métier en correspondance avec qui nous sommes intérieurement. Ceux qui ont de la dureté en eux ont de fortes possibilités d'être maçons, boulangers, agriculteurs, etc. D'autres vont vivre une forme de dureté en s'imposant des contraintes, en attirant involontairement des situations pénibles, en créant des complications dans tout ce qui se passe. Nous sommes involontairement poussés à agir de la sorte, car ce scénario de dureté est inscrit en nous. Nous l'extériorisons par nos comportements et avons tendance à vivre des conflits relationnels. Même si nous sommes capables de supporter une vie dure et fatigante, il faut savoir que nous avons la possibilité de changer les choses.

▪ ACTION : En décidant déjà de cesser de vous malmener, vous commencerez à rompre avec cette programmation. Cela offre un espace de réflexion où vous pouvez envisager de changer votre état d'esprit pour vous diriger peu à peu vers une vie plus facile.

▪ QUALITÉ À DÉVELOPPER : L'estime de soi.

Coefficient de conscience
Le saviez-vous ?
OUI = **1** point • **NON** = **0** point
(entourez 0 ou 1 point et ajoutez 0 ou 1 à votre total)
Total =

64 | L'ÉCRITURE

▪ **SITUATION** : Comment est votre écriture ?

▪ **CONSCIENCE** : Votre écriture est le reflet de votre personnalité et de votre façon d'être. Elle met en évidence certains traits de votre caractère, vos points forts, mais aussi vos « défauts ». D'ailleurs, des sociétés de recrutement font appel aux services de graphologues lors d'embauches. Les lettres penchées vers la droite traduisent un esprit tourné vers le futur ; bien droites et régulières, le côté masculin et rationnel est dominant ; penchées vers la gauche, elles montrent une tendance à s'accrocher au passé ; bien rondes, elles révèlent un côté féminin et une sensibilité accrue, etc.

▪ **ACTION** : Vous pouvez en profiter pour avoir une meilleure connaissance de vous-même ? De nombreux livres traitent de la graphologie. Pour vous éclairer sur cette pratique, voir en bibliographie.

▪ **QUALITÉ À DÉVELOPPER** : La curiosité.

Coefficient de conscience

Le saviez-vous ?

OUI = 1 point • **NON** = 0 point

(entourez 0 ou 1 point et ajoutez 0 ou 1 à votre total)

Total =

65 | DONNER ET RECEVOIR

▪ SITUATION : Savez-vous donner et recevoir ?

▪ CONSCIENCE : Tout ce que l'on donne et la manière dont on le fait nous revient en retour quelque temps plus tard, pas forcément de la manière dont on l'a prévu, ni de la personne de qui on pourrait l'attendre. Voyez ce que vous recevez et vous aurez le miroir de ce que vous donnez. Dans cette optique, nos pensées, nos paroles et nos actions sont à analyser pour savoir si ce que nous donnons est positif ou négatif. Savoir donner est aussi important que savoir accepter de recevoir, car ainsi, nous respectons un mouvement d'équilibre. Quand nous donnons de l'argent, un cadeau, quand nous rendons un service…, nous agissons par amour, par plaisir, et très souvent cela nous fait du bien.

▪ ACTION : Maintenant, le fait de donner va prendre un tout autre sens pour vous. Aussi, soyez conscient de ce qui se passe en vous quand vous donnez et quand vous recevez.

▪ QUALITÉS À DÉVELOPPER : Le don, l'acceptation.

Coefficient de conscience
Le saviez-vous ?
OUI = **1** point • **NON** = **0** point
(entourez 0 ou 1 point et ajoutez 0 ou 1 à votre total)
Total =

66 | LE DÉCOUVERT BANCAIRE

- **SITUATION** : Il vous arrive d'être à découvert sur votre compte bancaire.

- **CONSCIENCE** : Cette situation signifie que vous avez dépassé certaines limites en rapport avec votre possibilité réelle. Vous avancez à « découvert », vous ne savez pas assez vous protéger et vous préserver. Cela traduit aussi un manque d'intégrité vis-à-vis de vous-même, car, involontairement, vous prenez des risques. Aussi le substitut de l'autorité, ici le banquier, est amené à vous recadrer pour que vous régliez et équilibriez vos comptes. En prenant en compte les avertissements, les menaces d'interdit bancaire, vous pouvez apprendre à mieux vous structurer, à devenir moins insouciant pour prendre le plan financier au sérieux.

- **ACTION** : Faites vos comptes « jour après jour », même si cela vous ennuie. Vous devez évaluer vos possibilités financières. En vous organisant ainsi, vous maîtriserez davantage votre argent et vous retrouverez un certain équilibre.

- **QUALITÉS À DÉVELOPPER** : La protection, le cadrage.

Coefficient de conscience

Le saviez-vous ?

OUI = 1 point • **NON = 0** point

(entourez 0 ou 1 point et ajoutez 0 ou 1 à votre total)

Total =

67 | L'ENFANT

- **SITUATION** : Vous voulez des enfants, vous vous occupez d'enfants ou vous avez envie d'être près d'eux, etc.

- **CONSCIENCE** : Lorsque vous recherchez la compagnie des enfants, c'est que vous avez besoin de retrouver intérieurement ce qu'ils symbolisent et peut-être l'énergie de votre propre « enfance ». Cette proximité vous fait baigner dans une énergie d'innocence, de pureté, de naturel, de spontanéité, de jeu, d'amusement, de créativité, d'amour, d'affection, de simplicité, d'instant présent. Vous avez une certaine nostalgie de tout cela, car vous savez que c'est l'essentiel.

- **ACTION** : Voyez ces mêmes qualités inscrites en vous, peut-être endormies, et tâchez d'en exprimer une par jour.

- **QUALITÉS À DÉVELOPPER** : L'authenticité, la reconnaissance de votre « enfant intérieur ».

Coefficient de conscience
Le saviez-vous ?
OUI = 1 point • **NON = 0** point
(entourez 0 ou 1 point et ajoutez 0 ou 1 à votre total)
Total =

68 | LES SUCRERIES

- **SITUATION** : Il vous arrive d'abuser des sucreries, du chocolat.

- **CONSCIENCE** : Un manque affectif, un déséquilibre sont souvent comblés par un désir de sucreries (hormis une maladie sérieuse). En étant conscient de cela, vous pouvez mieux comprendre la raison de cette gourmandise. L'apport en glucides apaise votre stress psychologique inconscient.

- **ACTION** : Pour éviter de compenser de cette manière, de risquer de prendre du poids ou de nuire à votre santé, il sera préférable d'agir sur la cause directe. Par exemple, si vous n'êtes pas en couple en ce moment, faites-vous faire des massages, osez demander à un ou une amie un câlin, rendez visite à des gens que vous aimez. Tout cela vous nourrira affectivement et vous aidera à retrouver un certain équilibre. Si vous êtes en couple, faites des demandes directes à votre partenaire et échangez sur votre besoin d'affection, cela vous rapprochera et vivifiera votre relation.

- **QUALITÉS À DÉVELOPPER** : L'art de se faire du bien, le contact, le toucher.

Coefficient de conscience
Le saviez-vous ?
OUI = **1** point • **NON** = **0** point
(entourez 0 ou 1 point et ajoutez 0 ou 1 à votre total)
Total =

69 | LE CANCER

- **SITUATION** : Vous avez un cancer ou l'un de vos proches est touché par cette maladie.

- **CONSCIENCE** : Le cancer est souvent lié à un choc émotionnel important, une détresse, un deuil mal assumé, non accepté ou une grande culpabilité, au point de perdre inconsciemment le goût de vivre. En principe, des sentiments, des émotions, des ressentiments ont été refoulés. De la colère, une tristesse profonde, un dégoût de soi, un manque d'estime de soi créent un déséquilibre psychologique et/ou physiologique qui vous ronge intérieurement, ce qui laisse le champ libre inconsciemment au processus d'autodestruction physique. Votre force vitale, vos défenses immunitaires et votre survie s'en trouvent diminuées.

- **ACTION** : Exprimez le plus possible ce que vous ressentez au fur et à mesure. Prenez du temps pour vous occuper de vous et voyez tous les changements que vous pourriez apporter dans votre vie pour qu'elle corresponde davantage à vos attentes. Il est fort possible que vous ayez un grand réajustement à effectuer, de nouveaux choix à faire. Le fait de reprendre votre vie en main influe positivement sur votre santé, et les traitements que vous devez suivre.

- **QUALITÉ À DÉVELOPPER** : Le pardon à soi.

Coefficient de conscience
Le saviez-vous ?
OUI = 1 point • **NON = 0** point
(entourez 0 ou 1 point et ajoutez 0 ou 1 à votre total)
Total =

70 | L'ALLERGIE

- **SITUATION** : Vous avez fait ou vous faites une allergie.

- **CONSCIENCE** : Vous vivez un état d'agressivité, d'hostilité intériorisée qui n'arrive pas à être exprimé. Cela crée une sorte de conflit intérieur, une énergie qui se retourne contre vous et fragilise votre terrain immunitaire. Vous pouvez aussi être allergique à une situation ou à une personne, la source d'allergie peut se déplacer sur un aliment, des médicaments, la végétation, un animal et même sur des produits, etc. Ceux-ci ont un lien direct avec la situation ou les faits qui ne vous conviennent pas, et votre corps répond à ce stimulus. Par exemple : un boulanger qui en a assez de son métier peut devenir allergique à la farine, comme une institutrice peut l'être à la craie…

- **ACTION** : Considérez votre allergie comme un signe qui vous demande d'effectuer des changements dans votre vie.

- **QUALITÉ À DÉVELOPPER** : L'extériorisation.

Coefficient de conscience
Le saviez-vous ?
OUI = **1** point • **NON** = **0** point
(entourez 0 ou 1 point et ajoutez 0 ou 1 à votre total)
Total =

71 | LE JEU

- **SITUATION** : Vous jouez trop ou au contraire pas du tout.

- **CONSCIENCE** : Vous savez jouer, vous amuser, chahuter avec vos enfants ou vos proches. Cela signifie que vous avez un équilibre entre votre côté adulte et votre côté créatif, spontané et enfant libre. Cependant, si vous jouez en permanence, c'est que votre vie ne vous intéresse pas et que vous cherchez à tout prix la distraction. En fait, c'est une manière de jouer avec vous-même, de ne pas faire de votre existence ce qu'elle doit être. Au contraire, le fait de ne jamais jouer indique que vous avez une tendance à trop contrôler les situations, à ne pas savoir vous « lâcher », à oublier votre côté enfant.

- **ACTION** : Certaines personnes ont besoin de se recentrer sur leurs priorités pour vraiment s'engager dans la vie, quand d'autres doivent apprendre à moins contrôler pour laisser entrer la distraction dans leur existence.

- **QUALITÉ À DÉVELOPPER** : L'équilibre.

Coefficient de conscience
Le saviez-vous ?
OUI = 1 point • **NON = 0** point
(entourez 0 ou 1 point et ajoutez 0 ou 1 à votre total)
Total =

72 | L'AMOUR

▪ **SITUATION** : Vivez-vous l'amour, en recevez-vous, en donnez-vous ?

▪ **CONSCIENCE** : Tout d'abord, sachez que l'amour est la plus grande force magnétique de l'univers. Lorsque vous ressentez et donnez beaucoup d'amour, vous avez toutes les chances d'en recevoir autant. L'amour, comme la musique, la danse, le chant, ouvre le cœur de chacun vers une autre dimension (dite la quatrième), où le merveilleux se mêle au réel. Aimez votre concurrent ou votre rival et vous désamorcerez ses actions contre vous. Bien souvent, le malheur, la maladie proviennent d'une forme de non-amour de soi.

▪ **ACTION** : Chaque jour, apprenez à vous respecter, à vous aimer davantage. Ainsi l'amour que vous donnerez en sera meilleur.

▪ **QUALITÉS À DÉVELOPPER** : La conscience de l'amour, l'amour de soi.

Coefficient de conscience

Le saviez-vous ?

OUI = **1** point • **NON** = **0** point

(entourez 0 ou 1 point et ajoutez 0 ou 1 à votre total)

Total =

---

73 | LES YEUX

- **SITUATION** : Vous voyez moins bien, vous avez des problèmes de vue.

- **CONSCIENCE** : La qualité de votre vue reflète la façon dont vous voyez votre réalité et votre relation à celle-ci. Vous avez mal aux yeux, vous voyez moins bien. Posez-vous la question : « Qu'est-ce que je refuse de voir ? Qu'est-ce que j'ai peur de voir dans ma vie ? Une personne ? Une situation ? » Vous avez opté involontairement pour l'ignorance d'une réalité gênante pour vous. Vous voyez mal de loin, car vous avez des difficultés à anticiper les situations et à voir venir clairement les choses, l'avenir vous fait peut-être un peu peur. Quand vous voyez moins bien de près, c'est qu'une situation ou une personne proche vous pose réellement des problèmes que vous n'acceptez pas de voir. Si c'est l'œil gauche, cela représente des aspects plus intérieurs, émotionnels, que vous ne reconnaissez pas. L'œil droit concerne plutôt des situations extérieures de votre réalité que vous refusez de voir, parce qu'elles remettent probablement en question vos principes et vos convictions.

- **ACTION** : Votre vue pourrait s'améliorer si vous acceptez d'être réellement confronté à votre réalité. Voir clairement une situation et agir en conséquence ne peut qu'être bénéfique pour votre vision.

- **QUALITÉS À DÉVELOPPER** : La lucidité, la clarté.

Coefficient de conscience
Le saviez-vous ?
OUI = **1** point • **NON** = **0** point
(entourez 0 ou 1 point et ajoutez 0 ou 1 à votre total)
Total =

74 | LES JAMBES

- **SITUATION** : Vous avez des problèmes de jambes.

- **CONSCIENCE** : Vos jambes symbolisent et correspondent à votre capacité à avancer dans la vie, à aller vers le changement et donc à vivre de nouvelles expériences. Elles représentent la stabilité, la solidité. Elles vous permettent de vous rapprocher ou de vous éloigner de quelqu'un ou de quelque chose. Vous vous cassez la jambe : dans quelle direction ne voulez-vous plus aller ? Vos jambes sont faibles, vous avez une incapacité à rester debout, à vous sentir fort devant certaines situations ou personnes. N'avez-vous pas tendance à être dépendant, à vous laisser porter, soutenir ? Vous avez des crampes, des paralysies : quelle est la situation actuelle qui vous fait peur, qui vous bloque, et que vous ne souhaitez pas changer ?

- **ACTION** : Vos jambes sont comme des racines. Elles vous portent dans la vie. Aussi musclez-les et surtout prenez conscience des messages dont elles sont porteuses.

- **QUALITÉ À DÉVELOPPER** : L'autonomie.

Coefficient de conscience

Le saviez-vous ?

OUI = **1** point • **NON** = **0** point

(entourez 0 ou 1 point et ajoutez 0 ou 1 à votre total)

Total =

75 | LE CONFLIT

▪ SITUATION : Vivez-vous un conflit, une dispute en ce moment ou vous souvenez-vous du dernier que vous avez dû traverser?

▪ CONSCIENCE : Vous déclenchez un conflit avec une personne, elle vous énerve. Il est probable que ses paroles ou ses remarques vous aient touché, éclairant une zone de votre personnalité que vous n'acceptez pas. Aussi, vous reportez votre colère sur elle. L'inverse est aussi vrai. Lorsque quelqu'un vous agresse verbalement, il est possible qu'involontairement vos paroles l'aient touché, et cela se retourne contre vous. Dans les deux cas, ce genre de situation se produit, car cette énergie de conflit existe déjà en vous. Si vous ne prenez pas conscience de ce mécanisme, vous aurez tendance à le reproduire avec d'autres personnes. Rappelez-vous, les faits qui se passent à l'extérieur sont le miroir de ce qui se passe à l'intérieur de vous. Cette conscience des choses peut vous amener à désamorcer ou dénouer certaines de vos difficultés intérieures.

▪ ACTION : Voyez ce qui vous énerve chez vos proches, en vous disant et en envisageant que cela existe en vous.

▪ QUALITÉ À DÉVELOPPER : La vue intérieure.

Coefficient de conscience
Le saviez-vous ?
OUI = **1** point • **NON** = **0** point
(entourez 0 ou 1 point et ajoutez 0 ou 1 à votre total)
Total =

76 | LE VOL

• SITUATION : Vous vous êtes fait voler votre portefeuille, votre sac à main, ou votre maison a été cambriolée...

• CONSCIENCE : Vous devez sûrement trop épargner, conserver, accumuler et être un peu « pingre ». Certaines personnes peuvent entasser, et surtout rechercher la sécurité. Elles ont besoin de contrôler les faits, de prévoir trop pour les mauvais jours. Se faire voler peut être aussi le signe d'un trop grand non-respect de soi, ce qui crée une brèche où s'engouffrent ceux qui ne respectent pas le bien d'autrui. Cela peut traduire également, au-delà des biens matériels, que vous possédez d'énormes talents qu'il faut maintenant laisser circuler, et exprimer dans la vie.

• ACTION : Changez votre état d'esprit, retenez moins les choses, lâchez prise et entrez dans un mouvement de vie plus naturel.

• QUALITÉ À DÉVELOPPER : Le lâcher-prise.

Coefficient de conscience

Le saviez-vous ?

OUI = **1** point • **NON** = **0** point

(entourez 0 ou 1 point et ajoutez 0 ou 1 à votre total)

Total =

77 | LA NATURE, LES PLANTES

▪ SITUATION : Vous aimez vous occuper des plantes.

▪ CONSCIENCE : Vous habitez en ville et éprouvez le besoin d'acheter des plantes vertes, de vous en occuper, de les arroser, les tailler, de couper ce qui est mort, de toucher la terre. Cela vous fait du bien de soigner vos plantes vertes chaque jour. Si vous habitez à la campagne, vous avez conçu un petit jardinet. Vous aimez être au contact de la nature et vous y passez du temps. L'entretien de cet espace vous procure du bien-être, du calme. Ayez conscience que ces moments vous montrent le désir d'aller vers quelque chose de naturel, de sain, d'équilibré afin de vous sentir plus en harmonie avec vous-même et votre « nature ».

▪ ACTION : Soyez conscient qu'en vous occupant de plantes, vous contactez votre propre côté naturel et cela permet de vous relier à la nature.

▪ QUALITÉ À DÉVELOPPER : Le ressourcement.

Coefficient de conscience
Le saviez-vous ?
OUI = 1 point • **NON = 0** point
(entourez 0 ou 1 point et ajoutez 0 ou 1 à votre total)
Total =

78 | Le chômage

• **Situation** : Vous avez perdu votre emploi et vous vous retrouvez au chômage.

• **Conscience** : Bien que cette situation soit difficile à vivre, il vous faut savoir que vous n'étiez plus à votre place et que celle-ci ne correspondait plus à votre besoin du moment. Vous en aviez très certainement fait le tour. Peut-être ressentiez-vous de la fatigue, un certain ennui, une stagnation dont vous ne vous êtes pas rendu compte. Comme un sentiment d'insécurité réside au fond de vous, il vous empêchait de voir clairement ce qui se préparait. Vous n'osiez pas changer d'emploi par manque de volonté, de courage, par peur du changement, était de vous remettre en question, de perdre ce que vous aviez. Cependant, intérieurement, il était impérieux et primordial pour votre équilibre de changer de contexte ou de métier. Aussi, vous avez été propulsé hors de votre société ! En cultivant cet état d'esprit, vous respecterez votre processus d'évolution et de satisfaction personnelle.

• **Action** : Bien que cela puisse sembler difficile, profitez de cette période pour réactualiser d'anciens projets, désirs ou rêves qui peuvent maintenant prendre place dans votre vie. Pourquoi pas ? De toute façon, envisagez votre vie professionnelle d'une nouvelle manière, lors de cette transition, le coaching peut vous aider.

• **Qualités à développer** : Le courage, l'adaptation.

Coefficient de conscience
Le saviez-vous ?
OUI = 1 point • **NON = 0** point
(entourez 0 ou 1 point et ajoutez 0 ou 1 à votre total)
Total =

---

79 | LE SALAIRE

▪ **SITUATION** : Vous n'êtes pas satisfait du salaire que vous percevez !

▪ **CONSCIENCE** : Vous ne recevez pas le salaire que vous pensez mériter, vous ne parvenez pas à obtenir d'augmentation. Ceci est en résonance avec le fait que vous ne vous accordez pas assez de valeur personnelle. Tout ceci se passe sur un plan inconscient, naturellement ! Votre rémunération représente le degré de mérite, de valeur, d'assurance, de confiance réelle que vous estimez avoir dans le moment présent. Vos revenus sont en quelque sorte l'évaluation inconsciente de votre estime personnelle.

▪ **ACTION** : Vos revenus augmenteront à la mesure de la force du travail intérieur que vous pouvez faire. Munissez-vous d'une feuille de papier, d'un crayon, puis listez toutes vos qualités, vos compétences, puis rédigez des phrases positives pour vous convaincre mentalement que vous méritez mieux. Relisez celles-ci tous les jours, car c'est par le changement de votre état d'esprit que vous rehaussez votre valeur et par voie de conséquence votre salaire.

▪ **QUALITÉ À DÉVELOPPER** : L'estime de soi.

Coefficient de conscience
Le saviez-vous ?
OUI = 1 point • **NON = 0** point
(entourez 0 ou 1 point et ajoutez 0 ou 1 à votre total)
Total =

80 | L'INONDATION

▪ **SITUATION** : Vous avez un dégât des eaux ou une fuite d'eau chez vous.

▪ **CONSCIENCE** : L'eau est le symbole de votre vie émotionnelle. La présence de fuites indique qu'un débordement émotionnel touche l'un des membres de votre famille ou vous-même. C'est aussi le signe d'une non-canalisation de votre énergie créative, tout comme celle de vos capacités de réceptivité. Si l'inondation concerne toute votre habitation, un « nettoyage » du passé s'impose chez vous pour une certaine purification. Généralement, cela annonce aussi des changements importants qui concerneront votre lieu d'habitation, votre mobilier. Votre vie affective ou professionnelle peut être aussi concernée. L'inondation est un peu comme une lame de fond qui finalement fait remonter à la surface le signe qu'une autre organisation, ou une nouvelle vie est à créer.

▪ **ACTION** : Après tous les nettoyages nécessaires, qui vous demanderont une énergie proportionnelle à l'importance de la fuite ou de l'inondation, reconsidérez les différents paramètres de votre vie, et posez-vous la question : « Que faut-il que je change : le logement, maison, le travail, les relations… ? »

▪ **QUALITÉS À DÉVELOPPER** : L'acceptation du changement, la purification.

Coefficient de conscience

Le saviez-vous ?

OUI = 1 point • **NON = 0** point

(entourez 0 ou 1 point et ajoutez 0 ou 1 à votre total)

Total =

---

81 | UNE FATIGUE EXCESSIVE

▪ SITUATION : Vous êtes souvent ou toujours fatigué.

▪ CONSCIENCE : En dehors d'un réel problème médical, cet état traduit un profond désintérêt et désinvestissement pour votre vie. Ce manque d'allant permanent cache une insatisfaction que, pour l'instant, rien ne peut contrecarrer, pas même le sommeil. C'est en fait quelque chose, dans votre vie personnelle ou professionnelle, qui vous fatigue et vous pompe même. Dès que vous l'aurez identifié, comme par magie, vous serez revivifié. Il vous faut avoir le courage d'affronter ce qui ne vous convient pas, afin de créer les changements nécessaires. Et vous verrez que votre fatigue s'envolera tout naturellement.

▪ ACTION : Pour cesser de vivre à contre-courant, prenez votre courage à deux mains et listez ce que vous n'aimez pas, que vous êtes obligé de vivre actuellement et qui ne vous convient vraiment plus. Envisagez toutes les possibilités pour changer cela.

▪ QUALITÉ À DÉVELOPPER : Le courage de voir clair.

Coefficient de conscience
Le saviez-vous ?
OUI = 1 point • **NON = 0** point
(entourez 0 ou 1 point et ajoutez 0 ou 1 à votre total)
Total =

82 | LES ÉMISSIONS T.V. NÉGATIVES

▪ SITUATION : Vous avez l'habitude de regarder à la télévision les journaux d'information, des émissions qui traitent de sujets dramatiques, voire violents, ou qui montrent une vision négative de la vie et du monde. Vous lisez furtivement la presse à scandale, qui écrit souvent sur le malheur d'autrui.

▪ CONSCIENCE : Il y a en vous une certaine négativité que, pour l'instant, vous projetez à l'extérieur en pensant que tout cela ne concerne que les autres. Un regard passif vous permet de ne pas vous poser de réelles questions sur vous-même et vos propres drames. Toutefois, veillez à ne pas vous nourrir de ce genre d'émissions qui n'apportent pas de solutions constructives. Votre côté négatif peut s'en trouver plus alourdi !

▪ ACTION : Il serait préférable de comprendre votre réalité profonde, afin de sortir ce qui est négatif en vous. Sinon, votre essence naturelle s'en trouvera perturbée chaque jour un peu plus. Cessez le fait de vous lamenter ou d'être en réaction stérilement. Focalisez davantage votre attention sur des émissions constructives, éducatives où l'information est relativisée.

▪ QUALITÉS À DÉVELOPPER : L'intériorisation, faire la part des choses, l'optimisme.

Coefficient de conscience

Le saviez-vous ?

OUI = 1 point • **NON = 0** point

(entourez 0 ou 1 point et ajoutez 0 ou 1 à votre total)

Total =

---

83 | LES RÊVES, LES PROJETS

▪ **SITUATION** : Vous gardez au fond de vous un ou des rêves que vous croyez impossibles à réaliser. Cependant, ils sont toujours présents en vous et remontent à la surface de temps en temps.

▪ **CONSCIENCE** : Vos rêves sont le fruit et l'expression de vos désirs non satisfaits, de vos besoins les plus inconscients. Ils sont le reflet de quelque chose d'essentiel enraciné dans votre cœur. Cependant vous avez dû, à un moment donné, les mettre de côté pour une question d'adaptation ou de conformité familiale ou sociale. Le fait de les écouter vous ramène à la conscience de vos motivations profondes. Cessez de croire que vos rêves sont illusoires, sinon ils disparaîtront complètement et votre vie sera « vide ». À l'inverse, donnez-leur l'occasion de se manifester, écoutez-les, mettez-les par écrit, parlez-en à des personnes de confiance et définissez la stratégie nécessaire à leur réalisation. Votre vie prendra alors tout son sens.

▪ **ACTION** : Cherchez en vous, retrouvez un rêve mis de côté afin de l'actualiser, et de pouvoir le réaliser. Commencez par lui consacrer un peu de temps… Votre vie deviendra davantage ce que vous voulez qu'elle soit.

▪ **QUALITÉ À DÉVELOPPER** : La « foi ».

Coefficient de conscience

Le saviez-vous ?

OUI = 1 point • **NON = 0** point

(entourez 0 ou 1 point et ajoutez 0 ou 1 à votre total)

Total =

84 | LA RESPONSABILITÉ CITOYENNE

▪ SITUATION : Vous utilisez votre voiture alors que vous pourriez vous en passer, vous ne faites pas le tri ménager, vous utilisez des produits hautement toxiques pour l'entretien de votre maison, de votre jardin, vous jetez des plastiques n'importe où…

▪ CONSCIENCE : Actuellement, sont largement diffusées des informations sur les effets dramatiques de la destruction des forêts, de l'épuisement des ressources fossiles, de la pollution de l'air, de l'eau et de la terre… Bien que vous pensiez probablement ne rien pouvoir à tout cela, sachez qu'à titre individuel, vous y participez par vos attitudes quotidiennes. En prenant conscience de votre **propre implication** dans cette destruction, vous pouvez changer vos comportements et devenir un citoyen responsable.

▪ ACTION : Chaque jour, faites le tri de vos poubelles, utilisez le moins de sacs plastiques possibles, privilégiez des produits d'entretien qui respectent la nature, choisissez des matériaux écologiques, même si les coûts sont un peu plus élevés ! Allez faire un tour dans des salons ou foires biologiques. Aujourd'hui, ces actes ne sont plus du folklore mais relèvent de la sauvegarde de notre environnement, voire notre survie pour demain.

▪ QUALITÉ À DÉVELOPPER : La responsabilité individuelle et collective.

Coefficient de conscience
Le saviez-vous ?
OUI = **1** point • **NON** = **0** point
(entourez 0 ou 1 point et ajoutez 0 ou 1 à votre total)
Total =

---

85 | LE SENS CACHÉ

▪ SITUATION : Vous vous êtes déjà demandé pourquoi telle ou telle situation vous était arrivée.

▪ CONSCIENCE : Toutes les situations et tous les évènements quels qu'ils soient ont une signification et un message qui vous sont destinés. C'est pour cela que pour chaque personne, ils sont différents. Questionnez-vous sur le sens profond de ce que vous vivez. Découvrez les trésors que votre vie recèle afin de comprendre davantage l'organisation de « Madame la Vie ». Tout a un sens : apprenez à le décoder. Tout ce qui vous arrive n'est pas une fatalité, ni le fruit du hasard. Bien au contraire, cela est porteur de sens. Ces messages sont des indications qui vous invitent à mieux comprendre votre vie pour pouvoir réajuster, résoudre ce qui a besoin de l'être, pour vous amener vers plus de bonheur.

▪ ACTION : Essayez de décoder les situations qui vous arrivent, en commençant par les plus simples. Pour certaines d'entre elles, vous pouvez vous aider de ce livre pour en trouver la signification dans le moment présent. Vous pouvez aussi vous poser les questions clés suivantes :

– Qu'ai-je à apprendre de cette situation ?

– Qu'ai-je à modifier en moi pour la résoudre ?

– De quelle qualité ou ressource ai-je besoin de développer pour tourner la situation à mon avantage ?

▪ QUALITÉS À DÉVELOPPER : La curiosité, l'omniscience.

Coefficient de conscience

Le saviez-vous ?

OUI = **1** point • **NON** = **0** point

(entourez 0 ou 1 point et ajoutez 0 ou 1 à votre total)

Total =

86 | LE CHAUFFAGE

■ SITUATION : Votre système de chauffage est déjà tombé en panne ou il l'est actuellement.

■ CONSCIENCE : Vous connaissez probablement un « vide » personnel ou une baisse d'énergie qui éteint votre feu intérieur. Votre chauffage en panne révèle la nécessité de réajuster votre énergie. Et surtout, vous devez vous assurer du bon usage de celle-ci. Vous faites très certainement une activité ou avez une relation qui ne vous convient pas réellement.

■ ACTION : Pour relancer votre dynamisme, vous devez faire des choix, vous réorienter. Alors, vous retrouverez et vous disposerez de toute votre énergie vitale. Vous constaterez que certaines choses seront même plus faciles à vivre.

■ QUALITÉ À DÉVELOPPER : La régularisation.

Coefficient de conscience
Le saviez-vous ?
OUI = **1** point • **NON** = **0** point
(entourez 0 ou 1 point et ajoutez 0 ou 1 à votre total)
Total =

87 | L'AVANCE, LE RETARD

• SITUATION : Vous avez l'habitude d'être trop en avance ou trop en retard.

• CONSCIENCE : La première possibilité traduit une peur sous-jacente, surtout si vous ne pouvez pas envisager d'être en retard. Cela révèle une rigidité et un désir inconscient d'être parfait ainsi que le refus de transgresser un ordre, une règle… Le second cas peut révéler un côté rebelle qui fait que, malgré votre bonne volonté, vous êtes systématiquement en retard. Cela vous amène à une frustration et l'impression de ne jamais en avoir assez. On peut aussi arriver en retard pour se faire remarquer et obtenir une certaine forme de reconnaissance. D'autres encore ne savent pas tirer profit de tout ce qu'ils peuvent obtenir dans la vie. En arrivant en retard, ils obtiennent toujours moins que les autres…

• ACTION : Soyez attentif aux pensées, aux émotions qui vous viennent lorsque vous allez à un rendez-vous. Vous pouvez ainsi repérer ce qui vous pousse à être en avance, tout comme ce qui vous freine pour être à l'heure. Faites aussi un petit test, essayez l'inverse de vos habitudes !

• QUALITÉ À DÉVELOPPER : La ponctualité.

Coefficient de conscience

Le saviez-vous ?

OUI = 1 point • **NON = 0** point

(entourez 0 ou 1 point et ajoutez 0 ou 1 à votre total)

Total =

88 | L'ACCIDENT

- **SITUATION** : Vous avez eu un accident avec votre véhicule et les dégâts étaient essentiellement matériels.

- **CONSCIENCE** : Un choc brutal a pour but de vous stopper dans votre lancée actuelle. Il produit en parallèle une décharge d'énergie que vous aviez certainement trop accumulée dans votre corps, d'ailleurs certains ont une réaction impulsive dans un premier temps. Le fait d'emboutir un véhicule juste en face de vous, indique que vous avancez trop vite dans votre vie et/ ou que vous allez dans la mauvaise direction. Vous êtes alors arrêté net dans cette lancée. C'est aussi un manque de maîtrise, de contrôle, de canalisation de vos ressources. S'il s'agit d'un choc arrière, vous n'êtes pas dans le bon rythme de votre vie, vous avancez, très probablement, trop lentement et avez du mal à anticiper, à voir venir les choses. La vie vous le montre cette fois en vous « poussant ». Choc à droite, c'est votre côté structuré qui est sûrement trop rigide ; à gauche, cela dénote une hypersensibilité mal gérée. Lors de l'accident, un ou des tonneaux indiquent un « retournement » véritable à faire dans votre vie.

- **ACTION** : En ayant conscience que cette situation est porteuse d'un message fort pour vous, prenez-en réellement compte pour changer ce qui est nécessaire dans votre vie, sinon cela pourrait être plus grave la prochaine fois !

- **QUALITÉ À DÉVELOPPER** : La compréhension.

Coefficient de conscience
Le saviez-vous ?
OUI = **1** point • **NON** = **0** point
(entourez 0 ou 1 point et ajoutez 0 ou 1 à votre total)
Total =

89 | LA SYNCHRONICITÉ

- **SITUATION** : Vous rencontrez les bonnes personnes au bon moment ou un évènement arrive à point nommé.

- **CONSCIENCE** : Il vous faut un renseignement ou un service et vous rencontrez sur votre chemin justement la personne qui vous fournit ce dont vous avez besoin. Vous vivez alors la « synchronicité » qui est une conjugaison entre ce que vous pensez et sa concrétisation dans la réalité, comme une orchestration parfaite des choses. Ces fameuses coïncidences porteuses de sens délivrent toujours un message. Lorsque l'intention est enracinée en vous, que vos pensées, paroles et actions sont en cohérence, les synchronicités se produisent. Ce processus s'opère quand vous êtes bien en contact avec votre profondeur d'être et d'âme. Chacun est créateur de sa vie, proportionnellement à son équilibre intérieur. Si vous êtes en harmonie avec votre profondeur, ce qui vous arrive l'est. L'inverse est aussi vrai : lorsque vous êtes déséquilibré, compliqué, négatif, instable…, la synchronicité ne pourra se produire !

- **ACTION** : Commencez par être bien en lien avec votre ressenti, vos désirs, vos besoins justes. Puis, émettez régulièrement des intentions positives qui vont vous aider à mieux diriger votre énergie. Rappelez-vous que ce à quoi vous croyez fortement a tendance à se réaliser dans la vie.

- **QUALITÉS À DÉVELOPPER** : L'ouverture, la réceptivité.

Coefficient de conscience

Le saviez-vous ?

OUI = **1** point • **NON** = **0** point

(entourez 0 ou 1 point et ajoutez 0 ou 1 à votre total)

Total =

90 | L'EXCÈS

- **SITUATION** : Vous faites de manière excessive, du ménage, du sport, vous travaillez trop ou vous mangez trop, buvez trop, fumez trop…

- **CONSCIENCE** : Cette démesure signifie qu'il y a en vous plus ou moins consciemment une agitation liée à un malaise, un déséquilibre, une peur, non résolu. Pour calmer cet inconfort, vous compensez par un excès. Généralement après avoir « succombé », vous ne vous sentez pas content de vous-même. Cependant, ce mécanisme a tendance à se reproduire malgré vous.

- **ACTION** : Identifiez à quel moment précis ce processus se met en route. En étant conscient de cela, vous pourriez essayer de faire autrement, en prenant déjà quelques respirations. Ce temps d'arrêt peut vous permettre de réfléchir à ce qui se passe réellement en vous et à ce qui serait mieux pour vous. Posez-vous la question : « Qu'est-ce qui me ferait du bien maintenant ? ».

- **QUALITÉS À DÉVELOPPER** : Le détachement, la modération.

Coefficient de conscience
Le saviez-vous ?
OUI = **1** point • **NON** = **0** point
(entourez 0 ou 1 point et ajoutez 0 ou 1 à votre total)
Total =

91 | LE MAL DES TRANSPORTS

▪ SITUATION : Vous êtes souvent malade en bateau, en voiture ou en avion.

▪ CONSCIENCE : Ce genre de malaises révèle qu'en fait, vous ne supportez pas les trajets, quelle qu'en soit la raison. Vous ne supportez pas les moments de passage, de transition. Vous pouvez avoir des nausées, un mal de ventre, des maux de tête… L'inconfort que vous vivez vient du fait que vous pouvez ressentir un flottement, de l'instabilité. Peut-être même avez-vous l'impression de perdre votre temps. Avant de partir, vous aimeriez déjà être arrivé. Vous pouvez avoir aussi un problème de vue. Votre cerveau n'enregistre pas les mêmes sensations que vos yeux, et cela vous procure un malaise. C'est aussi le signe d'un certain refus de voir la réalité.

▪ ACTION : Pour vous aider à être lucide dans tous ces moments de trajet/transition, vous pouvez vous faire aider médicalement. Et, psychologiquement, prenez conscience de ce qui se passe réellement pour vous, afin d'être apte à profiter de tous ces temps qui jalonnent la vie.

▪ QUALITÉ À DÉVELOPPER : La stabilité.

Coefficient de conscience
Le saviez-vous ?
OUI = 1 point • **NON = 0** point
(entourez 0 ou 1 point et ajoutez 0 ou 1 à votre total)
Total =

92 | LA LUNE

• SITUATION : À votre avis, la lune a-t-elle une influence ou non sur votre comportement ?

• CONSCIENCE : Les planètes, la lune agissent sur nos comportements, sur nous, tout comme sur le minéral, le végétal et l'animal. Par exemple, il y a trois fois plus d'accouchements lors de la pleine lune. Pour semer ou planter des légumes qui poussent en terre, mieux vaut le faire en lune descendante, ils sont meilleurs et plus gros. Pour favoriser la pousse rapide des cheveux, les couper à la lune montante. Quand vous faites une épilation en dernière phase lunaire, les poils s'arrachent sans se casser et la repousse est plus lente, etc. Vous pouvez ainsi bien comprendre que tout est en interaction et que tous nos actes ont des incidences sur l'ensemble.

• ACTION : Procurez-vous un livre sur ce sujet ou un calendrier lunaire, il y a très certainement des actes que vous pourrez faire en suivant le rythme de ce calendrier.

• QUALITÉS À DÉVELOPPER : La curiosité, l'efficacité.

Coefficient de conscience
Le saviez-vous ?
OUI = 1 point • **NON = 0** point
(entourez 0 ou 1 point et ajoutez 0 ou 1 à votre total)
Total =

93 | LES VACANCES À LA MER, À LA MONTAGNE

▪ SITUATION : Vous avez une préférence de destination de vacances. Vous êtes attiré soit par la mer, soit par la montagne.

▪ CONSCIENCE : Le choix de votre destination résulte inconsciemment d'un besoin d'équilibrage. Quand vous préférez les bords de mer, c'est auprès d'une énergie plutôt féminine, de mère (de mer), que vous tentez de vous ressourcer. L'eau est le symbole de la réceptivité, la purification, la douceur, le côté nourricier, des aspects très maternels en fait. Si votre choix se porte sur un séjour à la montagne, il comblera un certain besoin de prendre de la hauteur, d'être entouré de forces telles que ces montagnes majestueuses vous le montrent. Cela vous permet de vivifier votre dynamisme intérieur. La montagne représente davantage le masculin, le père, la puissance, l'endurance.

▪ ACTION : Lors de vos prochaines vacances, faites votre choix dans la conscience de ce que vous apporte le lieu de destination choisi, cela vous permettra d'en profiter d'une façon différente, et ce sera certainement plus bénéfique.

▪ QUALITÉ À DÉVELOPPER : La conscience de vos besoins.

Coefficient de conscience

Le saviez-vous ?

OUI = **1** point • **NON** = **0** point

(entourez 0 ou 1 point et ajoutez 0 ou 1 à votre total)

Total =

94 | L'ÉCHEC, LE SABOTEUR

▪ **SITUATION** : Il vous arrive d'être stoppé net dans votre élan quand vous mettez des choses en place. Vous laissez passer une opportunité, qui pourtant était bien engagée. À ce moment-là, vous pensez : « je n'y arriverai pas », « je ferais bien cela, mais… », « c'est trop dur », « ce n'est pas possible… », etc.

▪ **CONSCIENCE** : Ce style de phrase, que vous vous dites de façon récurrente, appartient à votre système de croyances négatives. Ce à quoi vous croyez a tendance à se produire, et vos pensées négatives influencent votre réalité. Elles viennent inconsciemment à votre esprit pour vous saboter. Vous établissez alors un dialogue interne d'une manière involontaire avec une partie critique de vous, que l'on nomme le « saboteur ». Chacun a un « personnage » de ce style en lui, qui fait entendre sa propre voix, qui est en résonance avec notre histoire familiale. Généralement, il fait son apparition dans des moments où l'on aimerait changer, où l'on est stressé, ou encore lorsque l'on est fatigué ou déstabilisé…

▪ **ACTION** : Écoutez cette petite voix négative quand elle se manifeste et prenez conscience de ce qu'elle vous empêche de faire. Avec de l'expérience, vous saurez un peu plus comment ne plus lui obéir et vous commencerez à maîtriser ce personnage interne négatif, votre saboteur, afin de vivre davantage la vie que **vous** souhaitez !

▪ **QUALITÉ À DÉVELOPPER** : La liberté.

Coefficient de conscience

Le saviez-vous ?

OUI = 1 point • **NON = 0** point

(entourez 0 ou 1 point et ajoutez 0 ou 1 à votre total)

Total =

95 | LES GESTES

▪ SITUATION : Avez-vous remarqué les gestes que vous faites, selon les circonstances ?

▪ CONSCIENCE : Peut-être cela vous semble-t-il anodin, et sans importance. Cependant, il faut savoir que chaque mouvement traduit en permanence vos pensées, vos sentiments, **tout en sous-titrant vos propos**. Des gestes révèlent votre état intérieur ou votre humeur du moment. La manière de vous asseoir, de monter en voiture, de marcher, de mettre votre main devant la bouche, de vous gratter le front ; tout cela correspond à la fois à votre personnalité, et sans que vous ne le conscientisiez, c'est le reflet de votre « ambiance intérieure ». De la satisfaction à l'anxiété, du désir à la frustration, aucune manifestation affective n'échappe à sa traduction corporelle. Vos gestes sont de véritables paroles silencieuses que vous montrez au monde en permanence.

▪ ACTION : Portez votre attention sur votre propre gestuelle, sur celle des autres et essayez dans le même temps de prendre conscience des pensées et sentiments qui vous habitent. Cela vous aidera à décoder le sens caché de vos gestes et de l'interaction qui s'effectue entre vous et autrui !

▪ QUALITÉ À DÉVELOPPER : L'attention.

Coefficient de conscience

Le saviez-vous ?

OUI = 1 point • **NON = 0** point

(entourez 0 ou 1 point et ajoutez 0 ou 1 à votre total)

Total =

96 | LES RÊVES DE LA NUIT

▪ SITUATION : Vous rêvez, vous faites des cauchemars en vous demandant parfois à quoi cela peut bien servir.

▪ CONSCIENCE : Notre vie onirique a pour fonction de maintenir notre équilibre psychique. Elle est, en quelque sorte, la soupape de sécurité pour évacuer les pressions, les contraintes vécues dans la journée. Dans le rêve, la morale n'existe plus et nous pouvons alors nous libérer des interdits, des tracas, des angoisses. Il arrive parfois, qu'il donne des réponses à nos préoccupations actuelles. Il a souvent pour sujet une émotion, une idée, une sensibilité survenue au cours de la journée qui nécessite de trouver des solutions jusque dans les zones les plus inconscientes de nous-même.

▪ ACTION : Remémorez-vous vos rêves et notez-les dès votre réveil. De nombreux livres d'interprétation vous aideront à leur donner du sens. Cela vous éclairera sur l'importance de tout ce que vous vivez quotidiennement en vous apportant des solutions. (Voir les livres de la bibliographie.)

▪ QUALITÉ À DÉVELOPPER : La mémorisation.

Coefficient de conscience

Le saviez-vous ?

OUI = **1** point • **NON** = **0** point

(entourez 0 ou 1 point et ajoutez 0 ou 1 à votre total)

Total =

97 | L'ALIMENTATION

- **SITUATION** : Quelles sont vos préférences alimentaires ?

- **CONSCIENCE** : Chaque aliment a une nature, une vibration, un caractère, une symbolique qui réagit dans notre corps. Ce dont vous avez spontanément envie peut vous apprendre beaucoup sur vous-même. Par exemple, les sucreries représentent votre besoin d'intimité, de douceur, leur consommation aide à repousser les désagréments et traduit le désir d'être choyé davantage. Les fruits symbolisent un certain contentement, de la gaieté, un besoin de soleil, c'est le naturel à l'état pur. Les légumes renvoient à votre souci du bien-être, de la légèreté et la joie de l'instant présent. Privilégier le poisson montre votre désir de vous mouvoir en glissant dans la vie. En effet, rien n'arrête un poisson dans la rivière. Ce choix alimentaire montre une certaine conscience de votre « pilote » intérieur.

- **ACTION** : Devenez de plus en plus conscient de ce que vous mangez et de l'influence que les aliments peuvent avoir sur votre psychisme, vos comportements… (Voir les livres de la bibliographie).

- **QUALITÉ À DÉVELOPPER** : Le goût.

Coefficient de conscience

Le saviez-vous ?

OUI = **1** point • **NON** = **0** point

(entourez 0 ou 1 point et ajoutez 0 ou 1 à votre total)

Total =

98 | LA BOISSON

- **SITUATION** : Quelles sont vos boissons préférées ?
- **CONSCIENCE** : Avoir du goût pour l'eau montre une réceptivité à la reconnaissance et au respect de la vie. L'eau accentue l'intuition et les forces vitales. Les boissons gazeuses traduisent votre besoin d'oser faire jaillir vos sentiments et de vous élever au-dessus de vos soucis quotidiens. Le choix du thé montre votre tempérance, une certaine simplicité, vous ne précipitez pas les choses et savez prendre le temps d'assimiler ce qui est bon pour vous. Le vin rouge signifie un désir de se débarrasser de ses soucis. Il représente aussi la passion, le plaisir et un certain goût de la variété. Le champagne exprime votre souhait d'atteindre des niveaux raffinés de votre être, une certaine tendance à vouloir gagner les hauteurs…
- **ACTION** : Choisissez votre boisson avec modération (sauf pour l'eau !), en sachant ce que chacune vous apporte. (Voir en bibliographie le thème *Alimentation*)
- **QUALITÉ À DÉVELOPPER** : La fluidité.

Coefficient de conscience

Le saviez-vous ?

OUI = **1** point • **NON** = **0** point

(entourez 0 ou 1 point et ajoutez 0 ou 1 à votre total)

Total =

99 | LA MUSIQUE

- **SITUATION** : Quelle musique avez-vous l'habitude d'écouter ?
- **CONSCIENCE** : Chaque genre musical révèle un aspect de votre caractère. Écouter de la musique classique montre votre besoin d'intériorité, de calme et parfois de passion. Ce choix traduit aussi un sens de l'esthétique, le goût du beau. Le jazz, la soul music vous renvoient à l'instant présent, à la nouveauté, à l'improvisation. C'est une quête vers votre profondeur d'âme. La variété signifie votre attachement au traditionnel, tourné vers un certain romantisme. Le *rock and roll* montre votre désir de spontanéité avec l'autre, etc. Vous avez besoin de vous retrouver dans les chansons que vous fredonnez.
- **ACTION** : En considérant votre choix musical, découvrez ce qui le motive. Essayez d'écouter d'autres styles de musique, vous constaterez qu'ils peuvent aussi vous apporter autre chose.
- **QUALITÉ À DÉVELOPPER** : L'écoute.

Coefficient de conscience

Le saviez-vous ?

OUI = **1** point • **NON** = **0** point

(entourez 0 ou 1 point et ajoutez 0 ou 1 à votre total)

Total =

100 | LA CONSCIENCE DE SOI

- **SITUATION** : Dans quelle conscience des choses êtes-vous ?
- **CONSCIENCE** : Le monde extérieur est un miroir de qui vous êtes. Si vous voulez connaître l'état de votre conscience personnelle, regardez autour de vous et voyez ce qui vous arrive. Si votre conscience est réduite, elle a tendance à se manifester par un corps tendu et crispé, une attitude craintive, et s'accompagne d'un environnement incertain. Votre état d'esprit est orienté vers la dramatisation, le mécontentement et l'insatisfaction. Les comportements qui fréquemment en résultent sont : l'agressivité, l'individualisme, l'introversion. Si votre conscience de vous-même est plus grande, vous faites l'expérience d'un corps détendu et d'un environnement amical, plus ouvert, où vos intentions et projets ont davantage de chances de se réaliser. Vous éprouvez alors un sentiment de paix, de liberté, vous êtes enclin au partage, au soutien d'autrui, à la simplicité, vous êtes d'un naturel satisfait et en toute chose vous cherchez la solution avant tout.
- **ACTION** : Pour éveiller votre conscience, apprenez à poser un regard témoin sur tout ce qui se passe en diminuant les jugements et les critiques, tout comme les réactions impulsives. Puis, habituez-vous à faire des parallèles entre ce que vous vivez et qui vous êtes. Créez un état d'esprit constructif !
- **QUALITÉS À DÉVELOPPER** : La lucidité, le côté témoin.

Coefficient de conscience

Le saviez-vous ?

OUI = **1** point • **NON** = **0** point

(entourez 0 ou 1 point et ajoutez 0 ou 1 à votre total)

Total =

Résultat de votre test

Un point étant égal à un pour cent, quel score avez-vous obtenu ? Votre niveau de conscience est-il inférieur à 30 %, entre 30 et 60 % ou entre 60 et 100 % ?

De 0 à 30 % : Vous vous fiez plutôt à votre bon sens et à votre esprit logique pour comprendre les gens, ce qui vous arrive et prendre des décisions. Ancré dans vos certitudes et vos idées toutes faites, vous êtes pragmatique et plutôt cerveau gauche. Vous vous posez peu de questions et êtes plutôt insensible aux changements d'humeur d'autrui. Vous pouvez même vous braquer facilement par besoin d'avoir raison. L'influence de la réalité matérielle conditionne votre vision des choses et vous pouvez connaître de beaux succès dans la vie. Terre à terre, vous n'allez pas au-delà des apparences ; quand vous avez des difficultés à résoudre vos problèmes, c'est qu'ils doivent vous « tomber dessus » sans que vous vous en rendiez compte. Vous laissez peu de place à l'irrationnel et à l'intuition. Votre vie est dominée par la loi de cause à effet. Vous croyez que tout fonctionne comme vous : les gens, les émotions… Cependant, un intérêt inconscient ou un certain « hasard » a pu vous faire choisir ce livre, qui vous a bousculé dans vos convictions. Tant mieux ! En lisant ces lignes, votre conscience s'est éveillée pour vous donner une nouvelle vision de l'existence.

De 30 à 60 % : Sensible et cartésien à la fois, vous oscillez entre les deux comportements. Toutefois, la raison finit par l'emporter. Cela ne vous empêche pas de vous intéresser à la question du sens des choses. Ce qui est étrange ou inexpliqué vous attire et vous met mal à l'aise. Il est probable que vous ayez déjà lu *Da Vinci Code, Et si c'était vrai ?*, l'*Empire des anges*, etc.

Ce livre vous a intéressé, même si vous avez du mal à en appliquer les principes. Vous avez une assez bonne conscience des choses et cherchez à en savoir davantage. Une certaine logique vous rassure, vous rend plutôt carré, mais vous fait commettre quelques erreurs d'interprétation des faits. Votre ouverture d'esprit vous a peut-être même déjà conduit dans un séminaire en ressources humaines ou amené à consulter un thérapeute. Il est aussi probable que vous ayez déjà mis les pieds dans une foire bio, un salon de bien-être… Un peu touche-à-tout, vous « musclez » votre conscience encore sceptique.

De 60 à 100 % : Pas de doute, votre conscience est en éveil et vous vous intéressez autant au spirituel qu'au matériel. Vous vous posez des questions sur la vie, le but de l'existence, etc.

De 60 à 80 % : Votre intelligence intuitive vous aide à résoudre vos difficultés. De nature sensible, vous semblez avoir parfois un don de double vue. Un grand nombre de vos pressentiments se réalisent. Vous cherchez un métier qui ait du sens et vous « nourrisse » intérieurement. L'aspect lucratif est secondaire. Toutefois, il vous faut apprendre à maîtriser votre imagination et votre grande sensibilité, car elles peuvent vous mener vers des illusions et vous faire perdre parfois une certaine objectivité. Vous pourriez aussi voir des coïncidences là où il n'y en a pas forcément. Gardez les pieds sur terre et efforcez-vous de maintenir votre lien avec la réalité matérielle. Vous « avalez » de nombreux ouvrages qui vous permettent de mieux vous comprendre, et vous cherchez à savoir comment la vie fonctionne. Votre comportement citoyen vous amène à adhérer aux idées écologistes, au développement durable et à avoir un rôle dans une association. Vous achetez peut-être même vos produits en boutique bio. ?

Au-dessus de 80 % : Bravo, surtout si vous appliquez jusqu'au bout les principes de ce livre dans votre réalité. Vous saviez déjà presque tout. Également attiré par des causes et des projets humanitaires, vous savez y investir votre temps et votre argent. « Se mettre au service de… » voilà peut-être votre devise. Votre entourage a parfois du mal à comprendre votre nature un peu « sage », à vous comprendre vraiment. Votre vie n'est intéressante que si vous participez au « bien », à la paix. Veillez à mettre le matériel de votre côté pour que vos actions puissent s'enraciner, s'incarner dans la réalité.

CONCLUSION

Si vous avez fait le choix de ne pas lire l'introduction pour ne pas être influencé, vous pouvez maintenant le faire. Vous y trouverez beaucoup d'éléments d'explication, de compréhension sur le test de conscience que vous venez d'effectuer.

En faisant ce premier « examen » de conscience, vous avez pu découvrir de nombreuses choses et fait le passage à une vie plus « éclairée ». Maintenant vous avez les moyens d'être plus attentif à vous-même, à l'écoute des messages et des signes qui se produisent autour de vous, quotidiennement. Au fur et à mesure de votre lecture, le niveau de votre conscience a évolué et votre état d'esprit est de plus en plus constructif.

Prenez de bonnes résolutions, étudiez bien ce livre et appliquez-le dans votre réalité. Comprenez votre présent, votre passé, votre futur avec votre « nouvel éclairage ».

Auparavant, vous pouviez vous croire seul ; dorénavant, vous avez un grand ami présent chaque jour, à chaque moment avec vous, « Madame la Vie », pour vous guider, vous aider, vous accompagner et vous montrer le chemin.

Rappelez-vous : plus le message est fort, parfois même grave, plus il est temps de changer, de réagir au-delà de vos habitudes. C'est un peu un cri d'appel de votre âme, prenez le temps d'écouter sa voix. Elle vous guidera vers plus d'amour, de sagesse, de paix et de joie.

La Vie est une grande école pour apprendre à évoluer, à l'aimer, à lui donner du sens. Lorsque vous n'êtes pas en forme ou quand vous le souhaitez, relisez le livre ou feuilletez-le autant de fois que nécessaire. Vous avez également la possibilité de faire ce travail de conscience, de compréhension des évènements avec vos amis ou dans un groupe de travail. Allez-y, utilisez tous les principes de ce livre, entraidez-vous, chacun à tour de rôle, faites-vous le miroir l'un de l'autre ! Pour en savoir plus, consultez les ouvrages cités en bibliographie.

Mon vœu est que ce livre soit le plus diffusé possible, afin que chacun prenne conscience qu'il peut devenir pas à pas le maître de sa vie. Je souhaite aussi que des jeux se créent sur la conscience, que de nombreux tests soient proposés dans les journaux, au même titre que les mots croisés ou les sudokus.

Rappelez-vous :

« La vie vous apporte le meilleur pour vous »

Sachez voir la conscience du Tout, la création
qui, chaque jour, à chaque seconde vous alchimise.
Plus la conscience vous aidera à comprendre votre dualité,
plus vous pourrez la dépasser,
y voir plus clair jusqu'à pouvoir vivre l'unité
avec tout ce qui Est.

BIBLIOGRAPHIE THÉMATIQUE

▪ *Alimentation*

BEERLANDT, Christiane. *La symbolique des aliments*, Éd. Altima.

PICARD, Marie-Amélie. *Les aliments du désir*, Éd. Trajectoire.

▪ *Animaux*

GRANDRIE, Olivier. *L'Animal miroir de l'homme*, Éd. Quintessence.

LAHY, Georges. *Abécédaire du langage des animaux*, Éd. Lahy.

▪ *Coïncidence, synchronicité*

BALANCE, Catherine et BOURDIN, Dominique. *Ces étranges coïncidences*, Éd. Recto Verseau.

BONNET, Jacques. *De la coïncidence des opposés et autres variations sur les contraires*, Éd. Le Cherche Midi.

BOUCHER, Paule. *Les Signes de jour et les lois spirituelles*, Éd. Dauphin Blanc.

BRETHES, Alain. *Les Synchronicités*, Éd. Oriane.

CHOPRA, Deepak. *Le Livre des coïncidences*, Inter éditions.

DEBAILLEUL, Jean-Pascal et FOURGEAU, Catherine. *Se réaliser par la magie des coïncidences*, Éd. Jouvence.

GESBERT, Alain. *Synchronicité*, Éd. Pardès.

JUNG, Carl Gustav. *Synchronicité et paracelsica*, Éd. Albin Michel.

MOISSET, Jean. *ABC des coïncidences mystérieuses*, Éd. Grancher.

MOUSSET, Jean. *Énigmatique, coïncidence, l'unité du monde*, Éd. Présence.

PEAT, F. David. *Synchronicité*, Éd. du Rocher.

RACINE, Guillemette. *Enquête sur les coïncidences, ou les joies du hasard*, Éd. JC Lattès.

REEVES Hubert, CAZENAVE, Michel, *et al. La synchronicité, l'âme et la science*, Éd. Albin Michel.

VEZINA, Jean-François. *Les Hasards nécessaires*, Éd. de l'Homme.

▪ Conscience

CHOPRA, Deepak. *Les sept lois spirituelles du succès*, Éd, Âge du Verseau.

JACOB, Christophe. *La Conscience qui guérit*, Éd. Quintessence.

ONNIS, Antoine. *L'Autosuggestion consciente selon Émile Coué*, Éd. Quintessence.

SCOVEL SHINN, Florence. *Le jeu de la vie*, Éd. Coffragants.

WARNON, E (transcription). *Le Livre de la connaissance*, Éd. Le Hiérarch.

▪ Corps

BOURBEAU, Louise. *Les Cinq blessures*, Éd. ETC.

BOURBEAU, Louise. *Écoute ton corps*, Éd. ETC.

BOURBEAU, Louise. *Ton corps dit aime toi*, Éd. ETC.

MESSINGER, Joseph, *Le sens caché de vos gestes*, Éd. First.

▪ Couleur

BERTON, William. *Le Jeu des cartes*, Éd. Couleur énergie.

BERTON, William. *La Vie énergie*, Éd. Couleur énergie.

▪ Hasard

SCHMIDT, K. O. *Le Hasard n'existe pas*, Éd. Astra.

▪ Intuition

BÉLANGER, Sylvain. *Devenez intuitif*, Éd. Quintessence.

LONDECHAMP, Guy. *Le Réveil de l'intuition*, Éd. Altess.

MIELCZARECK, Vanessa. *Coachez votre intuition et provoquez le hasard*, Éd. Seuil.

MIELCZARECK, Vanessa. *L'Intelligence intuitive*, Éd. Quintessence.

SCHULZ, Henryck. *Traité d'auto-guérison*, Éd. Ariane.

▪ Maladie

BENOIT, L. et THOMAS, M. *Techniques de guérison*, Éd. Ada.

CORTI, Claudine. *Et si je t'expliquais pourquoi les maladies existent !*, Éd. Quintessence.

CRÈVECŒUR, Jean-Jacques. *Le langage de la guérison*, Éd. Jouvence.

DAB, Doriane. *Du Big-Bang à la guérison*, Éd. Quintessence.

FLÈCHE, Christian. *Décodage biologique des maladies*, Éd. Souffle d'or.

FLÈCHE, Christian. *Mon corps pour me guérir*, Éd. Décodage biologique.

GOETTMANN, Alphonse et Rachel. *Guérison des maladies de l'âme*, Éd. Presses de la Renaissance.

MARTEL, Jacques. *Le Grand Dictionnaire des malaises et des maladies*, Éd. Quintessence.

MICHALSKI, Serge. *Ces mots qui provoquent des maux*, Éd. Lourteau.

MIRON, Daniel. *Décodage psychosomatique des maladies et comportements connexes*, Éd. Quintessence.

OBISSIER, Patrick. *Décodage biologique et destin familial*, Éd. Décodage biologique.

PLANTE, Colombe et DOUCET, François. *Pensez santé*, Éd. Ada.

RENARD, Léon. *Le Cancer apprivoisé*, Éd. Quintessence.

ROBITAILLE MANOURIER, Jahanne. *Notre pouvoir de guérison*, Éd. Libre expression.

SELLAM, Salomon. *Origines et prévention des maladies*, Éd. Quintessence.

SIONNEAU, Philippe ; LU, Gang ; CHAPELLET-LOPEZ, Josette. *Neuropsychologie*, Éd. Guy Trédaniel.

ZETAH, Orén. *Abécédaire du langage des maux*, Éd. Lahy.

- **Mot**

BIGE, Luc. *Petit Dictionnaire en langue des oiseaux*, Éd. Janus.

MICHALSKI, Serge et PARADIS, Louise. *L'Effet de choc des mots*, Éd. Lourteau.

- **Signe matériel**

BEERLANDT, Christiane. *Le Livre des signaux*, Éd. Altima.

- **Symbolique, rêve**

CHEVALIER, Jean, et GHEERBRANDT, Alain. *Le Dictionnaire des symboles*, Éd. Robert Laffont/Jupiter.

COUPAL, Marie. *Le Guide du rêve et de ses symboles*, Éd. J'ai Lu.

ROMEY, Georges. *Encyclopédie de la symbolique des rêves*, Éd. Quintessence.

- **Divers**

COELHO, Paulo. *L'Alchimiste*, Éd. Livre de poche.

CRÈVECŒUR, Jean-Jacques et THIRAN, Ananou. *Le couple en éveil*, Éd. Jouvence.

HAY, Louise. *Pensées pour transformer votre vie*, Éd. Vivez Soleil.

MILLMAN, Dan. *Journal de chaque jour, illumination*, Éd. Roseau.

REDFIELD, James. *La prophétie des Andes*, Éd. J'ai Lu.

TABLE DES MATIÈRES

TABLE DES MATIÈRES ALPHABÉTIQUE

LA TRILOGIE SUR LA CONSCIENCE

La 1ère   La 2ème   La 3ème

« Révélations »   « Mesurez votre conscience »   « Le dictionnaire de la
                                                      vie où tout a un sens »
Ed. Gilles GUYON   Ed. Gilles GUYON   Ed. Quintessences

E-mail : contact@gconsience.fr   Site : www.gconscience.com

Les autres livres de l'auteur

« Le coaching pour tous » « Des actions pour changer votre vie » « Le guide pour devenir un petit Dieu "

Ed. Quintessences   Ed. Gilles GUYON   Ed. Gilles GUYON

E-mail : lunion@wanadoo.fr   Site : www.coachingintuition.com

UN NOUVEAU CONCEPT DE VIE,
de la RÉALITÉ où il n'y a pas de hasard, où
TOUT est lié et en interaction, en permanence.

Comment aller mieux, résoudre facilement ses problèmes, moins souffrir ?

Tout s'explique !
Les couleurs que vous portez, tous vos problèmes physiques et matériels, votre métier, votre habitation, vos animaux domestiques, vos voyages, les sports que vous pratiquez, vos choix de films, de livres, de musiques, etc.

Exemples :

- Vous êtes bloqué du dos ? Vous supportez trop de choses...
- Un burn-out relève que vous ne suivez pas votre coeur ni vos envies depuis longtemps,
- Votre voiture a un problème de batterie : vous n'avez plus d'énergie ou celle-ci est usée,
- Votre tuyauterie est bouchée parce que vous gardez vos émotions en vous...

TOUT ce qui nous arrive a un sens, aucun fait ne se manifeste par HASARD !

Comment comprendre le secret de tous les signes de la Vie ?

Les coïncidences NOUS RÉVÈLENT l'ORIGINE de notre MAL-ÊTRE ou de notre BIEN-ÊTRE.

Découvrez la magie...
«l'âme agit»
Devenez pionnier du nouveau monde

Le physicien de la vie,
Gilles GUYON

CONTACTEZ-NOUS
au 06 80 62 81 08
contact@gconscience.com - www.gconscience.com